お気に入りのスプーンを1本、用意しましょう

いつも同じスプーンで茶葉をはかっていると
おいしさを決める微妙な“さじ加減”が感覚でわかるようになります。

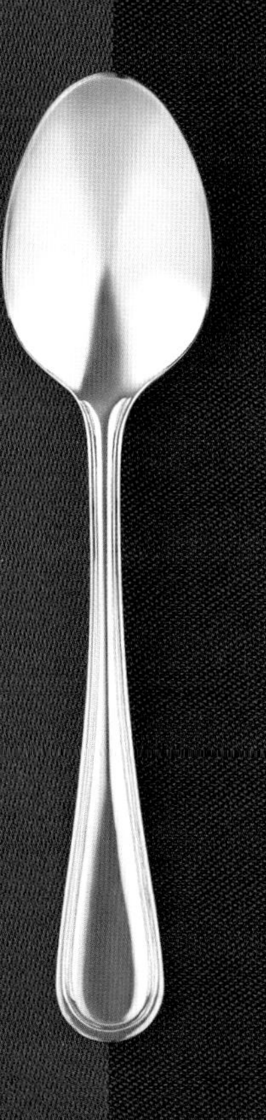

私の紅茶時間へようこそ

Welcome to my tea time

忙しい毎日を過ごす私たち。
1日のなかのほんの少しでも、ほっとする時間を持ちたいと思ったとき、
紅茶を淹れることをおすすめします。

お湯を沸かして茶葉に注ぎ、数分間待って、ゆったりと飲む。
そんなほんのひと時、仕事や家事やさまざまなことから解き放たれて、
空を眺めて、風に吹かれて、ぼんやりする——。
私にとって至福の時間です。

紅茶の産地とたくさんの種類、紅茶がたどってきた長い歴史や
伝統的で本格的な紅茶の淹れ方を知らなくても、
ちょっとした茶葉の特徴や道具のことをほんの少し知っているだけで、
だれでも、おいしい紅茶を淹れることができます。

淹れやすくて、飲みやすくて、でもこだわりはぎっしり。
気分転換に癒やしに、家族とのだんらんやお客のもてなしに。
新しい紅茶との出会いを追求する楽しさもあります。

そんな私の紅茶時間にお招きします。

Contents

Column

VIVI TEA流アレンジティーのすすめ

欧米の映画を観ていると、紅茶を飲むシーンがなにげなく出てきます。
イギリス映画ではホットティー、アメリカ映画ではアイスティーが多いことに気がつきませんか。

アイスティーは1904年の夏、アメリカのセントルイスで開かれた博覧会で誕生したといわれています。
紅茶を広めたいイギリス人がホットティーを勧めても、暑さのために見向きもされなかったとき、
氷を浮かべたアイスティーにしたところ人気が爆発。
それ以来、アメリカではアイスティーの方が一般的なのです。

紅茶の楽しみは、伝統的なホットティーだけでも、アイスティーだけでもありません。
これまでの紅茶の概念をあざやかに変えてしまうのが、
フルーツやスパイス、リキュールを加えたアレンジティーです。
旬のフルーツと組み合わせることで、季節を感じることができるのはもちろん、
華やかな紅茶アレンジは、おもてなしやコミュニケーションツールとしても大活躍。
淹れ方や器によって、いつもの紅茶を違う方向から楽しめるのも魅力。

「これが紅茶？」
「びっくり！」
「まるでカクテルみたい！」

どんな色にも、どんな味にも、アレンジのしかたは、いろいろあります。
自分の紅茶アレンジを楽しみませんか。
新しい紅茶の世界が広がります。

ダージリン［DARJEELING］
北東部のヒマラヤ山岳地帯

アッサム［ASSAM］
北東部のブラマプトラ河流域に広がる大平原

India

南インド

ニルギリ［NILGIRI］
南インドの丘陵地帯

Africa

ケニア

ケニア［KENYA］
標高2000mの高原の国

Sri Lanka

茶葉の基本と この本でご紹介する茶葉

紅茶は、緑茶（日本茶）や中国茶（ウーロン茶など）と同じ「茶」の木が原料。違うのは、紅茶が茶葉を発酵させているのに対し、緑茶は発酵させず、中国茶は発酵を途中で止めていること。発酵茶である紅茶の特徴は、香り、味、水色（すいしょく）（紅茶を淹れたときのお湯（または水）の色のこと）です。産地も茶葉のチェックポイントのひとつ。この本では、インド、中国、アフリカ、そしてスリランカの茶葉を使います。

茶葉を購入するときは、製造年月日や賞味期限の確認を忘れずに。量り売りの場合は、葉の艶がよく乾燥しているもの、形が整っているもの、チップ（茶葉の先端にあるまだ開いていない芯芽のこと）が多く含まれているものを選ぶのがコツです。

China

キーマン [KEEMUN]

南東部の内陸、安徽省黄山地区

スリランカ

キャンディ [KANDY]

古都キャンディを中心にした標高600～1200mの中地エリア

ルフナ [RUHUNA]

高温多湿な南部の標高400～500mの低地エリア

ディンブラ [DIMBULA]

中央の山岳地帯西側、標高1100～1600mの高地エリア

ヌワラエリア [NUWARA ELIYA]

スリランカでは最も標高が高いエリア

ウバ [UVA]

南東の山岳地帯で栽培される高地エリア

ダージリン [DARJEELING]

世界三大銘茶のひとつ。品格を感じる澄んだ水色、コク、そして清涼感があるすっきりとした香りは、まさに紅茶の女王として君臨するにふさわしい。けれど一番繊細な茶葉でもある。薄緑色の茶葉を含むのが特徴。見た目からは想像できない渋みがあり、ゆっくり水に寄り添うので水出しにも向く。

アッサム [ASSAM]

日光をがたくさん浴びて育った力強くパンチがある茶葉。葉は濃い赤色で、黄金色の茶葉が混じる。水色も深みのある紅色だが、渋みはない。こくがある味わいは、ボディーがしっかり。香りは少し甘く、ミルクティーとの相性は抜群。

ニルギリ [NILGIRI]

ニルギリは温暖で雨が多い茶葉の一大産地。インド育ちだが、スリランカの茶葉に似て、クセがなくアレンジしやすい茶葉。渋みが少なく、マイルドな味と穏やかな香り。水色は明るく鮮やかなので、ガラスのポットやグラスに入れるとその美しさが際立つ。

キーマン [KEEMUN]

中国で生産される世界三大銘茶のひとつ。茶葉は黒くて細長い。スモーキーな香りがするので、オリエンタルなテイスト。水色は少し黒ずんだ深い紅色。渋みが少なく味わいはフルーティーでまろやかさの中にコクもある。

ケニア [KENYA]

赤道直下のケニアは東アフリカを代表する紅茶の産地。1年中採れる万能茶葉で、英国紅茶ブランドのブレンドティーによく使われる。**CTC**タイプが多いので、抽出時間が短くても大丈夫。バランスがいいのでストレートでも、レモンティー、アレンジティーなどにすべてに合う。渋みはあまりなくコクがあり、清々しい香りとバランスがいいのでイギリス人が好む味。水色は澄んだ紅色。

CTC：リーフティーを Crush（押しつぶす）Tear（引きちぎる）Curl（丸める）する製茶法で作られた顆粒状の茶葉。短時間で抽出されるので、水色も濃くなる。

キャンディ［KANDY］

スリランカの古都キャンディを中心に栽培された茶葉は、ずっしりと重いが味わいは軽く、何とも言えないやわらかい後味が魅力。水色は明るく美しい紅色。クリームダウンが起こりにくいため、オンザロック方式で入れるアイスティー向き。フルーツとのアレンジでは茶葉が負けてしまうこともあるが、相性はとてもよい。

ルフナ［RUHUNA］

太陽の光と雨をいっぱい受けた茶葉なので、葉が大きく色も黒い。水色も深みのある濃い紅色。適度な渋みがあり、香りもスモーキーさがありながらも、砂糖、特にザラメを焦がしたような甘い香りもある、濃厚で個性的な茶葉なので、ミルクティーとして合わせた方が飲みやすく、バターたっぷりの甘いお菓子ともよく合う。

ディンブラ［DIMBULA］

日本人がイメージする「ザ・紅茶」の代表茶葉。香り、優しく適度な渋み、オレンジ色を深くしたような紅い水色はもちろん、クセもなく、すべてが正統派であることが最大の魅力。後味も喉ごしがよく爽快感があるので、とても飲みやすく、誰からも愛される茶葉。

ヌワラエリア［NUWARA ELIYA］

ダージリンに似た繊細で上品な茶葉。朝と日中の温度差が激しい場所で育つため、渋みが強い。緑茶に近い味わいで、少し甘さのあるすっきりした香り。ストレートで飲むのがおすすめ。水色は淡く明るいオレンジ色。

ウバ［UVA］

スリランカを代表する世界三大銘茶のひとつ。渋みが強くコクがあるので、ミルクティーに向く。メンソールのような独特な香りのなかに甘さを漂わせてもいるので、しっかりした力強い渋みを生かして、ストレートティーとして飲むのもおすすめ。

紅茶の道具
蓋付き手鍋
やかん
時計
茶こし
ロングスプーン
ティースプーン
小鉢

ティーコジー

ポットの保温のため、ティーコジーとコルク性のティーマットを用意します。なければ鍋敷きやバスタオルでも大丈夫。

ティーポット

茶葉を抽出するポットは丸みがあるものを使います。丸いポットの中ではお湯が対流し、茶葉が上下左右によく動く「ジャンピング」の状態になるからで、ジャンピングによって茶葉が開き、紅茶の味・香りがしっかり抽出されます。陶磁器や銀製のもの、急須でもOK。ジャンピングの様子や水色が見える耐熱ガラスのポットもおすすめ。ふたが付いたものを、あらかじめあたためておきましょう。ポットのさまざまな形や色は、テーブルコーディネートの楽しみでもあります

Yuka's Point

茶葉に注ぐお湯は95～100℃が最適。勢いよく蛇口から出した新鮮な水道水を強火で沸騰させます。沸騰しすぎると水中の空気が抜けてしまうので、大きめの泡がボコボコ出てきた状態が目安です。「温度が低い」「2度沸かし」「沸騰しすぎ」は茶葉がうまくジャンピングしません。

この本の使い方

この本は、アイスティー、ホットティー、ミルクティーのアレンジティーレシピ集です

I アレンジティーをつくるには、基本的なアイスティー、ホットティー、ミルクティーを淹れることから始めましょう。この本では基本的な紅茶をティーベースを呼びます。
ティーベースの淹れ方は、アイスが3種類、ホットが1種類、ミルク（チャイ含む）が3種類あり、それぞれ以下のページで紹介しています。

II この本のアレンジティーは、ティーベースにアレンジを加えたり、デコレーション（飾り付け）したりすることでつくります。
それぞれのアレンジティーで使うベースをのマークで、またベースを淹れながらアレンジを加える段階がわかるように表示しました。
できあがったベースにデコレーションしながら、カップやグラスに盛り付けましょう。

■このレシピに合う茶葉
これらの茶葉でなくても、スーパーなどで簡単に手に入るティーバッグでもOKです

●EBF……「イングリッシュブレックファスト」の略で、イギリスの伝統的なブレンドティーのこと

■蒸らし時間
茶葉にお湯を注いで、味と香りを抽出する時間です

■このレシピで使うティーベースと、ベース段階でのアレンジ

Tea Base
オンザロックでつくる
p15

●7種類のベースのうち、どのベースを使うかを示しています。

Cinnamon stick
1. で茶葉と一緒にシナモンスティック1本を砕いて入れる

●アレンジのもとになるティーベース（基本的な紅茶）のつくり方●

アイスティー、ホットティー、ミルクティー（チャイ含む）の基本的な淹れ方を以下のページで紹介しています

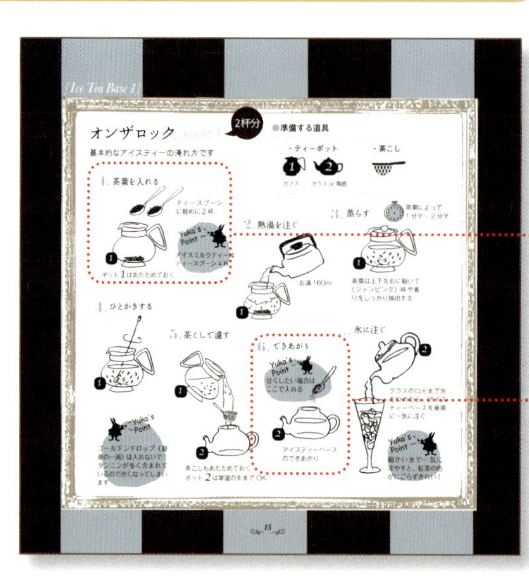
Ice Tea Base 1

オンザロック 2杯分

基本的なアイスティーの淹れ方です

●準備する道具
・ティーポット
・茶こし

1. 茶葉を入れる
ティースプーンに軽めに2杯
ポット1はあたためておく

2. 熱湯を注ぐ
お湯160ml

3. 蒸らす
茶葉によって1分半〜2分半
茶葉は上下左右に動いて（ジャンピング）味や香りをしっかり抽出する

4. ひとかきする

5. 茶こしで濾す
茶こしもあたためておく ポット2は常温のままでOK

6. できあがり
甘くしたい場合はここで入れる
アイスティーベースのできあがり

氷に注ぐ

15

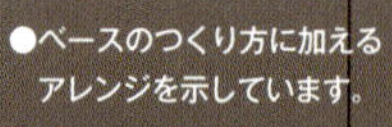

●ベースのつくり方に加えるアレンジを示しています。

Ex.)
1. でシナモンスティックを一緒に入れる
6. で甘みとして、グラニュー糖を入れる

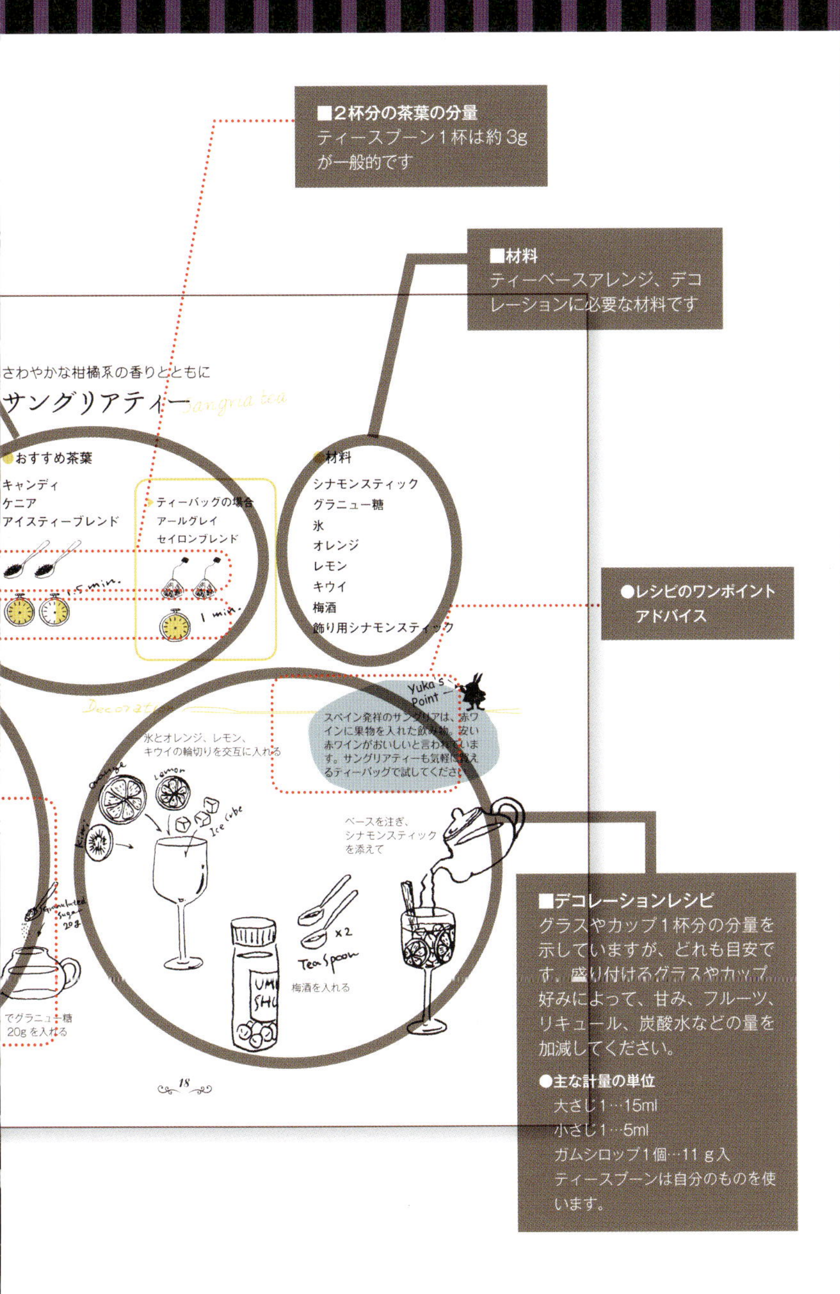

おいしい紅茶を淹れるには

紅茶のおいしさは人それぞれ。すっきりした味わいが好きな人も、力強い渋さがお好みの人もいます。そして、それに応えられるだけの茶葉の種類があるのが紅茶です。いろいろな茶葉を試して、自分の味を探してください。

おいしい紅茶を気軽に入れるためのポイントは3つです。

あたためたポットで入れる
蒸らす時間を守る
茶葉の特徴を知っておく

私が考える特別なポイントが、もうひとつあります。

紅茶用のティースプーンを1本、用意する

茶葉の量はおいしい紅茶を淹れるのに欠かせない重要なポイントです。でも「ティースプーン1杯」の量は、スプーンの大きさや茶葉の種類によって違うので、自分のティースプーン1杯の茶葉がだいたい何gかを知っておくことが大切です。
ホットティーは茶葉スプーン1杯を約3gとして計るのが目安。アイスティーは軽め（2.5～3g）に、ミルクティーは山盛り（3～3.5g）です。
いつも自分のスプーンを使っていると、茶葉の量の微妙な「さじ加減」が感覚でわかるようになります。茶葉の量はもちろん、蒸らす時間を変えながら、自分だけの味を見つけてください。

ICE TEA

紅茶の「色」を楽しむなら、断然アイスティー。
旬のフルーツと組み合わせて、季節を満喫しましょう。
華やかなアレンジティーは、おもてなしにぴったり。
アイスティーマジックが新しい紅茶の世界の扉を開きます。

オンザロック On the rock

カップorグラス 2杯分

基本的なアイスティーの淹れ方です

準備する道具

・ティーポット

1 ガラス
2 ガラス or 陶器

・茶こし

1. 茶葉を入れる

ティースプーン２杯
(約2.5g×2)

ポット 1 はあたためておく

牛乳と組み合わせるときは、茶葉をティースプーン4杯に増やす

2. 熱湯を注ぐ

お湯 160ml

3. 蒸らす

茶葉によって
１分半～２分半

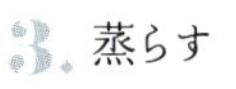
茶葉は上下左右に動いて(ジャンピング)味や香りをしっかり抽出する

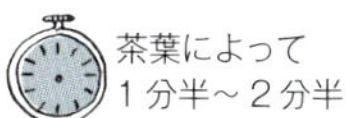

4. ひとかきする

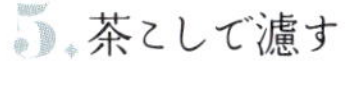

ゴールデンドロップ(最後の一滴)は入れないで！タンニンが多く含まれているので濁りやすくなります

5. 茶こしで濾す

茶こしもあたためておく
ポット 2 は常温のままで OK

6. できあがり

甘くしたい場合はここで甘みを入れる

アイスティーベースのできあがり

…氷に注ぐ

耐熱グラスの口元まで氷をつめたら、アイスティーベースを垂直に一気に注ぐ

細かい氷で一気に冷やすと、紅茶の色がにごらずきれい！

二度取り Twice up

カップorグラス 2杯分

よりきれいな色のアイスティーベースで

●準備する道具

・ティーポット

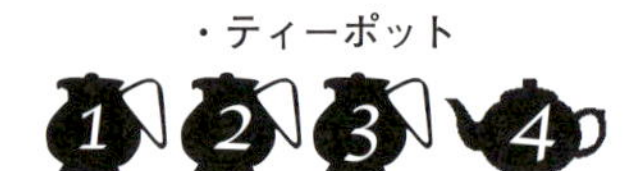

1～3ガラス　　ガラス or 陶器

・茶こし

1. 茶葉を入れる

ティースプーン２杯
（約 2.5g × 2）

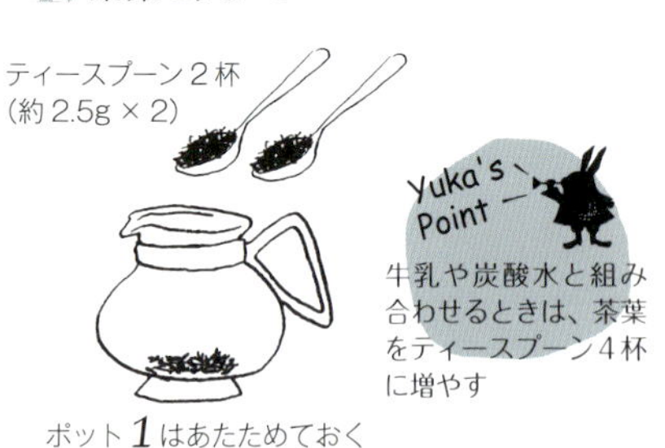

ポット 1 はあたためておく

Yuka's Point

牛乳や炭酸水と組み合わせるときは、茶葉をティースプーン４杯に増やす

2. 熱湯を注ぐ

お湯 160ml

3. 蒸らす

茶葉によって
１分半～２分半

茶葉は上下左右に動いて（ジャンピング）味や香りをしっかり抽出する

5. 茶こしで濾す

茶こしもあたためておく
ポット 2 は常温のままで OK

Yuka's Point

ゴールデンドロップは入れない

Yuka's Point

甘くしたい場合はここで！
砂糖は熱いうちに、冷たくなったらガムシロップを

6. ポット 3 に移す

ポット 2 から
3 へ一気に注ぐ

ポット 3 には氷を入れておく

7. ポット 4 に移す

ポット 3 から
4 へすぐに移す

茶こしで
氷を受ける

4. ひとかきする

8. できあがり

二度取りアイスティーベースのできあがり

水出し Cold brew

カップorグラス 2杯分

より簡単なアイスティーベースです

●準備する道具

・水出し用ポット

・茶葉を入れるお茶パック

（・茶こし（茶葉を直に入れる場合））

1. 茶葉を用意

ティースプーン4杯（約3g×4）をお茶のパックに

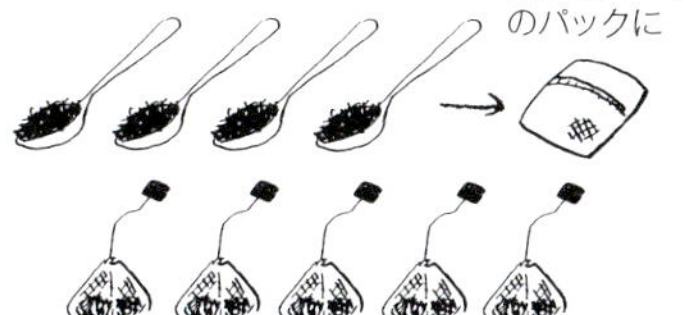

またはティーバッグ5個

2. 水に入れる

水1ℓに茶葉を入れる

3. 抽出する

5～6時間

4. できあがり

Yuka's Point
茶葉を取り出すのを忘れずに

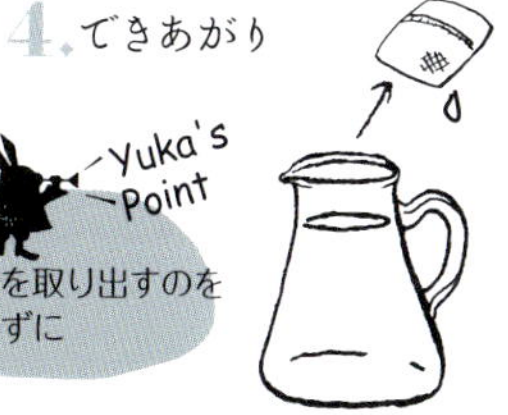

茶葉を取り出す

Yuka's Point

○紅茶の渋みのもとになるタンニンは、95～100℃の熱湯で抽出され、冷えるとカフェインと結合して紅茶を白く濁らせる原因になります。
○タンニンの量が多いダージリンはオンザロックや二度取りで淹れるアイスティーには向きません。でも、低温でゆっくり時間をかけると、タンニンはほとんど抽出されないので、ダージリンはむしろ水出し向きの茶葉です。
○夏の冷蔵庫に、やわらかく、すっきりした味わいの水出しダージリンをどうぞ

さわやかな柑橘系の香りとともに

サングリアティー Sangria tea

おすすめ茶葉

キャンディ
ケニア
アイスティーブレンド

▶ティーバッグの場合
アールグレイ
セイロンブレンド

材料

シナモンスティック
グラニュー糖
氷
オレンジ
レモン
キウイ
梅酒
飾り用シナモンスティック

Decoration

スペイン発祥のサングリアは、赤ワインに果物を入れた飲み物。お手頃な赤ワインがおいしいと言われています。サングリアティーも気軽に買えるティーバッグで試してください

1. で茶葉と一緒にシナモンスティック１本を砕いて入れる

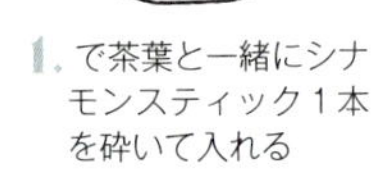

6. でグラニュー糖 20g を入れる

氷とオレンジ、レモン、キウイの輪切りを交互に入れる

梅酒を入れる

ベースを注ぎ、シナモンスティックを添えて

暑い夏をクールダウンする前向きな赤

スイカのサマーティー Water meron summer tea

●おすすめ茶葉

キャンディ
アールグレイ

▶ティーバッグの場合
アールグレイ

●材料

スイカ
ガムシロップ
氷
飾り用スイカ

Decoration

スイカは水分が多いので、スイカピューレにしっかり甘みをつけます

皮と種を取ったスイカ50gをミキサーでピューレ状にする

スイカをこして、ガムシロップ20mlと混ぜる

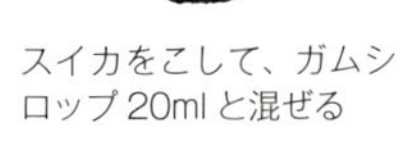

氷を詰めて、スイカピューレ大さじ1を入れる

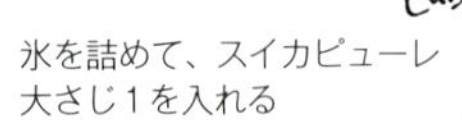

ベースを注いで混ぜ、切ったスイカを飾る

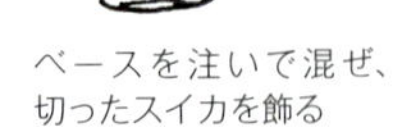

キウイと中国茶葉のグリーンハーモニー

グリーンキウイティー green kiwi tea

●おすすめ茶葉

キーマン
アールグレイ

▶ティーバッグの場合
アールグレイ

●材料

キウイシロップ
キウイ
氷

Decoration

キウイシロップ
大さじ１を入れる

切ったキウイと氷を交互
に口元まで入れる

ベースを注ぐ

パイナップルの酸味がきいたハワイの定番

プランテーションアイスティー Plantation ice tea

●おすすめ茶葉

ディンブラ
ローズヒップ

●材料

凍らせた缶詰のパイナップル
缶詰のシロップ
氷
飾り用ミント
飾り用パイナップル

Decoration

凍らせたパイナップル50gとシロップ20gをミキサーで荒いペーストにする

ペーストを入れる

氷を口元まで入れ、ベースを注ぐ

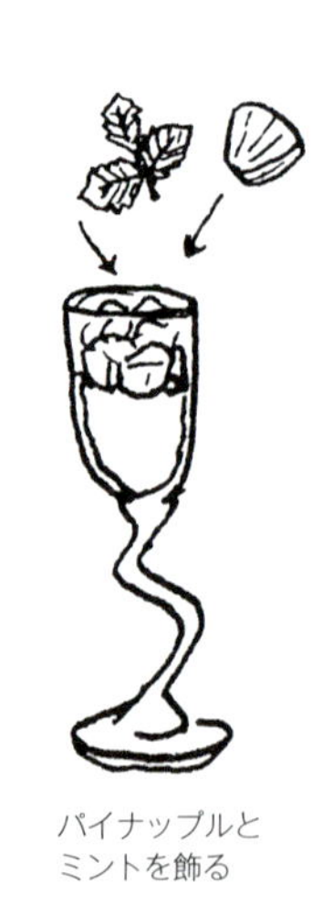

パイナップルとミントを飾る

飲んで満足　大粒のタピオカとコンデンスミルクは相性抜群

アイスタピオカミルクティー

Ice tapioca milk tea

●おすすめ茶葉

アッサム
EBF

1.5 min.

●材料

タピオカ
コンデンスミルク
牛乳
氷

Decoration

Yuka's Point
コンデンスミルクと牛乳が入るので、4倍の濃さのアイスティーベースを使います

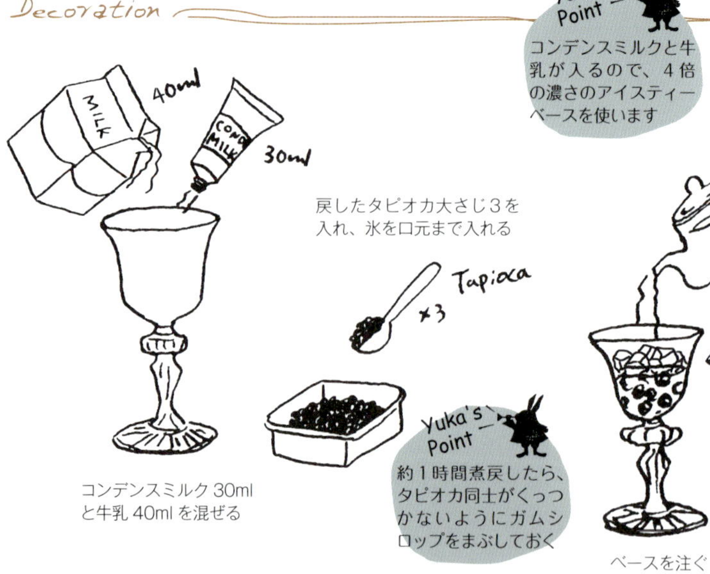

コンデンスミルク 30ml と牛乳 40ml を混ぜる

戻したタピオカ大さじ３を入れ、氷を口元まで入れる

Yuka's Point
約１時間煮戻したら、タピオカ同士がくっつかないようにガムシロップをまぶしておく

ベースを注ぐ

桃缶を凍らせるだけ アウトドアにも大活躍

桃缶ティー Momokan tea

●おすすめ茶葉

ディンブラ
キャンディ

▶ティーバッグの場合

ディンブラ
キャンディ

●材料

缶詰のシロップ
ガムシロップ
缶詰の白桃

p15

Yuka's Point

蒸らし時間が長めなのは、桃とシロップが凍っていて水色が濁る心配がないため。桃が甘いので、適度な渋みがある茶葉の方がおすすめです

Decoration

白桃缶詰のシロップ30～35gとガムシロップ1個を入れて混ぜる

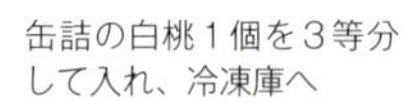

缶詰の白桃１個を３等分して入れ、冷凍庫へ

桃が凍ったところへベースを注ぐ

たっぷりレモンがうれしい　いつもの味

アイスはちみつレモンティー

ice honey & lemon tea

おすすめ茶葉

ダージリン

▶ティーバッグの場合

ダージリン

材料

はちみつ漬けのレモン

氷

飾り用ミント

Tea Base

水出しでつくる

p17

Decoration

Yuka's Point

レモンのはちみつ漬けの色がきれいに見えるように、水色の薄い水出しダージリンを使います

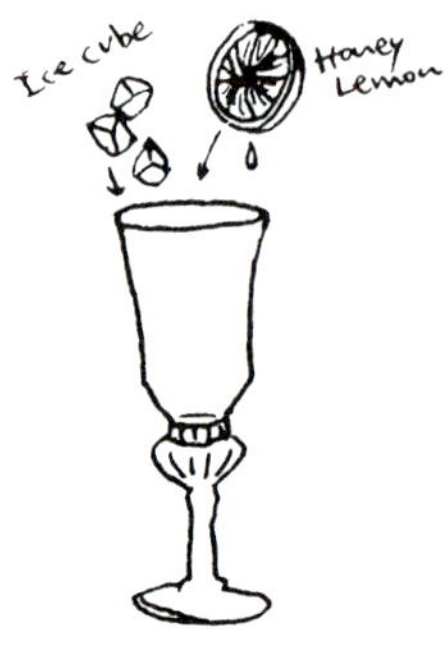

氷とはちみつ漬けのレモンを交互に入れる

ベースを注ぐ

ミントを添える

爽やかなダージリンとミントの組み合わせがお口直しにぴったり

アイスミントティー Ice mint tea

おすすめ茶葉

ダージリン

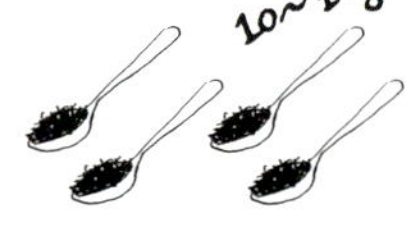

▶ティーバッグの場合

ダージリン

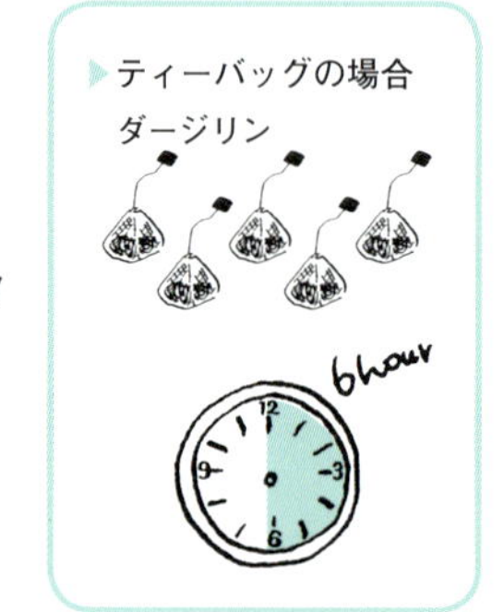

材料

ガムシロップ
グラニュー糖
氷
ミント

Decoration

ミントの色を鮮やかに出したいので、水色の薄い水出しダージリンを使います

グラスの口元にガムシロップをつけ、グラニュー糖をつける

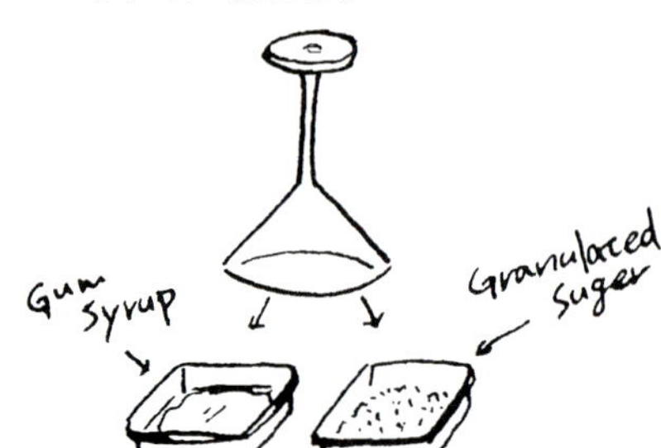

氷とミントを交互に口元まで入れる

ベースを注ぐ

春一番が吹いたなら　季節先取りのアイスティー

ストロベリーティー

Strawberry tea

おすすめ茶葉

ローズヒップ
キャンディ

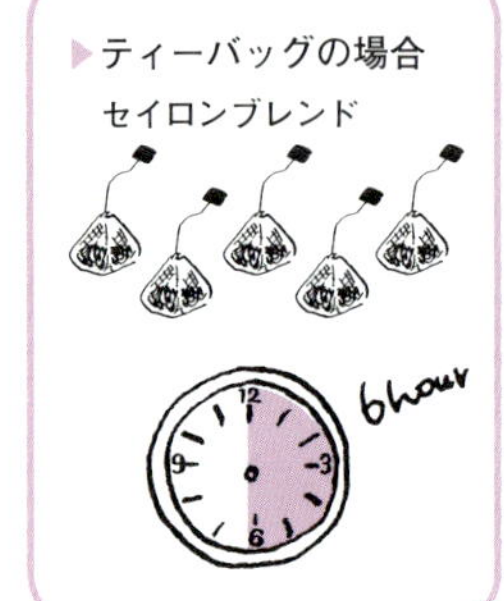

材料

氷
いちご
ストロベリーリキュール
飾り用ミント

ローズヒップのほかブルーベリーなど赤い水色の水出しを使います

Decoration

ストロベリーリキュールはお好みで

氷といちごを交互に入れる

ベースを注ぎ、ストロベリーリキュール大さじ 1/2 をかけて、ミントを飾る

ライムのほろ苦さとシャリシャリ感が刺激的

ライムサマースカッシュ *Lime summer squash*

おすすめ茶葉

ディンブラ
ケニア

▶ティーバッグの場合

ディンブラ
セイロンブレンド
ケニア

材料

グラニュー糖
氷
ライム
炭酸水
レモンシャーベット

6. でグラニュー糖30ｇを入れる

炭酸水の配分が多いので、4倍の濃さのアイスティーベースを使います

Decoration

ベース10ml、氷、ライムの輪切りを入れる

炭酸水35mlを注ぐ

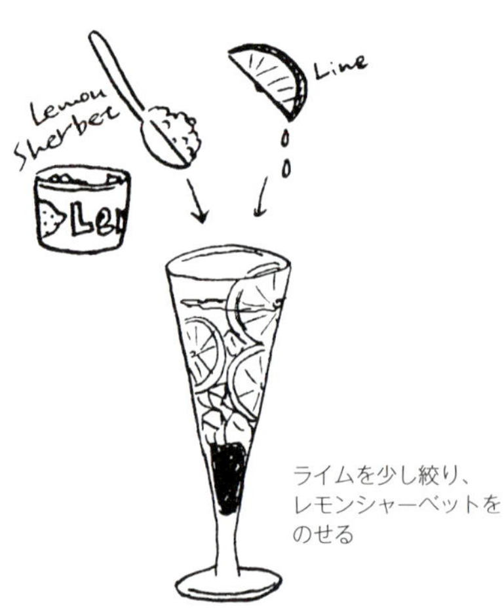

ライムを少し絞り、レモンシャーベットをのせる

ミントの香りとライムの酸味　マイルドな黒蜜の絶妙な味わい

モヒート風ブラック&ハニーティー

Black & honey tea mojito

●おすすめ茶葉

アッサム
ルフナ
ＥＢＦ

●材料

グラニュー糖
黒蜜
氷
ライム
ミント
炭酸水
ラム酒

6. でグラニュー糖 20ｇを入れる

Decoration

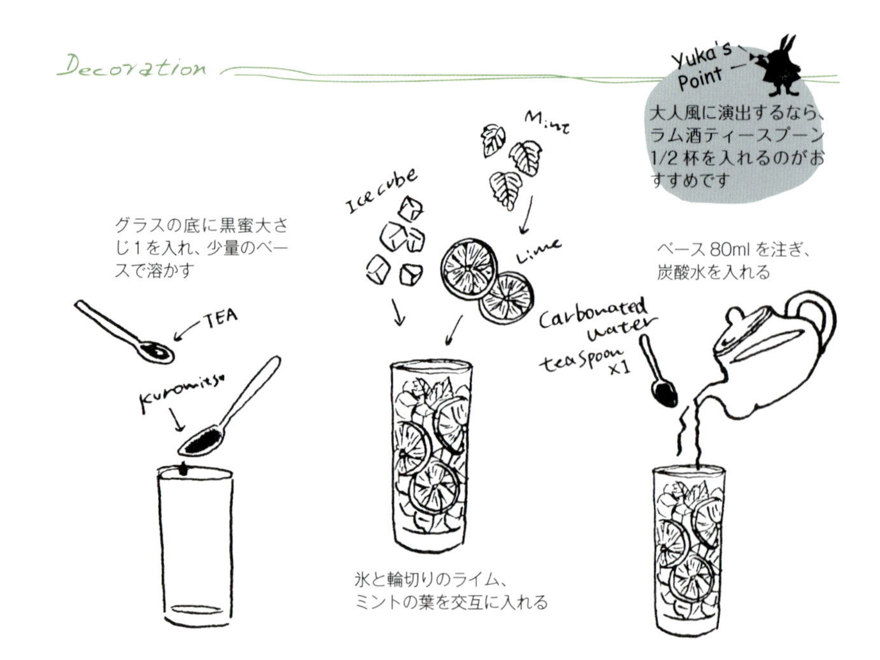

グラスの底に黒蜜大さじ１を入れ、少量のベースで溶かす

氷と輪切りのライム、ミントの葉を交互に入れる

ベース 80ml を注ぎ、炭酸水を入れる

大人風に演出するなら、ラム酒ティースプーン 1/2 杯を入れるのがおすすめです

熟れすぎ桃が大変身　味も気持ちもまろやかに

アイスピーチティー Ice peach tea

おすすめ茶葉

キャンディ
ニルギリ
ケニア

▶ティーバッグの場合
キャンディ
セイロンブレンド

材料

グラニュー糖
桃
氷
ミント
ピーチリキュール
飾り用ミント

6. でグラニュー糖10ｇを入れる

Decoration

切った桃と氷、ミントを交互に入れる

ピーチリキュールを氷の上から垂直にかける

ベースを注ぎ、ミントを飾る

やわらかい陽射しが似合う秋の紅茶

アイスアップルティー Ice apple tea

●おすすめ茶葉

ニルギリ
ディンブラ
アップルフレーバー

●材料

氷
りんご
カルヴァドス
炭酸水
飾り用リンゴ

6. でグラニュー糖10gを入れる

Decoration

氷といちょう切りのりんごを交互に入れる

ベースを注ぎ、カルヴァドスを入れる

炭酸水 10ml を注ぎ、りんごを飾る

皮ごとOK　口のなかで砕けるぶどうの甘さと紅茶の出会い

シャインマスカットティー Shine muscat tea

●おすすめ茶葉

キャンディ
ニルギリ

▶ティーバッグの場合
キャンディ
ニルギリ

●材料

氷
シャインマスカット
飾り用ミント

6. でグラニュー糖10ｇを入れる

Decoration

Yuka's Point
水色が薄い茶葉がおすすめです

輪切りのシャインマスカットと氷を交互に入れる

ベースを注ぐ

ミントを飾る

華やかな大人の休日へ　ぶどう三昧で贅沢に

グレープパラダイスティー grape paradice tea

●おすすめ茶葉

キャンディ
ニルギリ

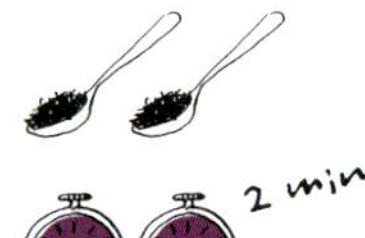

▶ティーバッグの場合
キャンディ
ニルギリ

●材料

巨峰
シャインマスカット
氷
ブランデー

6. でグラニュー糖
15 g を入れる

Decoration

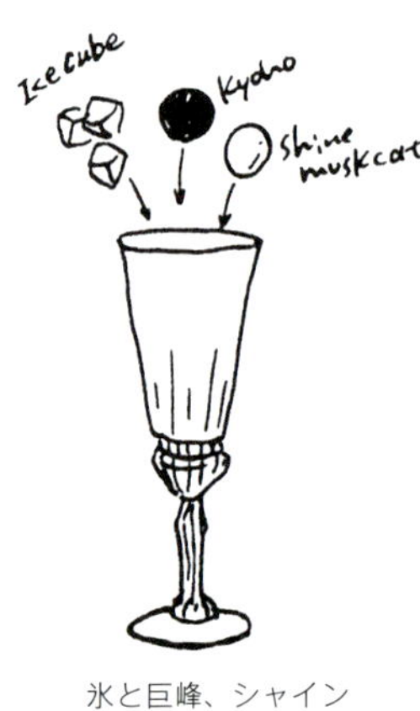

氷と巨峰、シャイン
マスカットを交互に
入れる

ベースを注ぐ

ブランデーを
氷の上からかける

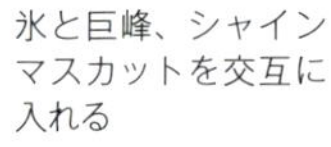

柿とアールグレイの完璧ペアはハロウィンカラー

アイスティーパーシモン Ice tea persimmon

●おすすめ茶葉

アールグレイ

●材料

柿
氷
コアントロー
飾り用柿

柿はタンニンが多いので、水色が濁らないようにティーベースを甘めにつくります

p15

6. でグラニュー糖25ｇを入れる

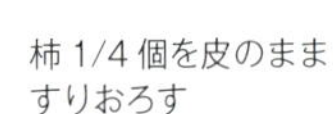

柿 1/4 個を皮のまますりおろす

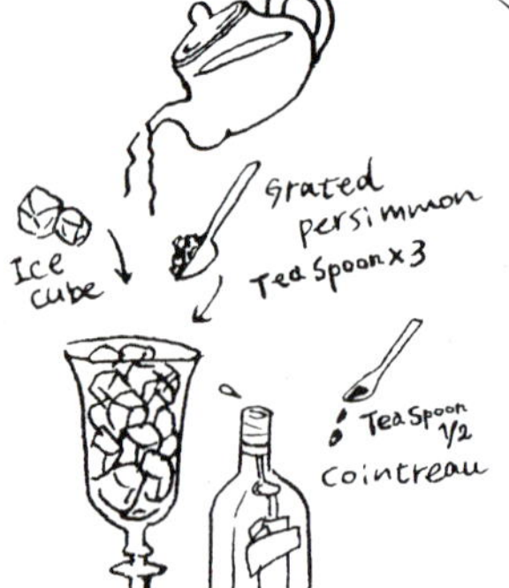

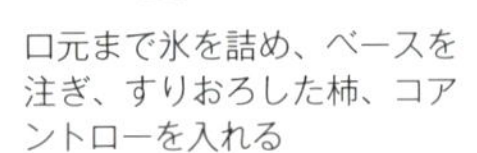

口元まで氷を詰め、ベースを注ぎ、すりおろした柿、コアントローを入れる

柿のスライスを飾る

インドのマハラジャ気分で味わいたい　夏の幸せ

フルーツティーパンチ Fruits tea punch

●おすすめ茶葉

キャンディ
ニルギリ

2 min.

▶ティーバッグの場合
アールグレイ

1.5 min.

●材料

グラニュー糖
氷
果物５種類
（レモン・パイナップル・キウイ・オレンジ・いちごなど）
ロゼワイン
炭酸水
飾り用ミント

Yuka's Point
オンザロックではなく二度取りで淹れると濁りにくく、よりきれいな色のアイスティーベースをつくることができます

Yuka's Point
パンチはヒンディー語で「5」の意味です

Tea Base
二度取りでつくる
p16

Decoration

果物は小さくカットする

Yuka's Point
炭酸水は飲む直前に入れます。大人向けなら炭酸水の代わりにシャンパンを。子ども用ならワインの代わりにサイダーを

2. のお湯は、パンチボウル用として800ml

5. でティーベース640mlに対してグラニュー糖100gを入れる

Yuka's Point
茶葉は800mlのお湯で抽出しますが、ティーベースは640mlに対してグラニュー糖100gを入れます

パンチボウルにベースとロゼワイン15ml、果物を入れる

炭酸水30mlを加え、軽くかき混ぜたらミントを飾る

郵便はがき

料金受取人払郵便

長野中央局
承認

7232

差出有効期限
平成31年9月
30日まで

切手不要

3808790

044

長野市南県町六五七

信濃毎日新聞社

出版部 行

あなたの
お名まえ　　男・女

〒　　TEL＿＿（　）＿＿

ご住所

学校名学年
または職業

年齢　　歳

ご購読の新聞・雑誌名（　　）

愛読者カード

このたびは小社の本をお求めいただきありがとうございました。お手数ですが、今後の参考にさせていただきますので、下記の項目についてお知らせください。

〔書　名〕

◆ 本書についてのご感想・ご意見、刊行を希望される書物等についてお書きください。

◇ この本を何でお知りになりましたか。
1．信濃毎日新聞の広告
2．書店・売店で見て　　3．人にすすめられて
4．書評・紹介記事を見て（新聞・雑誌名　　　　　　　　　　　　）
5．インターネットで見て（サイト名　　　　　　　　　　　　）

◇ ご感想は小社ホームページ・広告に匿名で掲載することがあります。

購入申込書

このハガキは、小社刊行物のご注文にご利用ください。
ご注文の本は、宅配便あるいはメール便でお届けします。
送料は1回の発送で全国一律300円です。ただし代金引換の場合は別途手数料（300円＋税）が必要です。
長野県内にお住まいで信濃毎日新聞をご購読の方は、信毎販売店からのお届けもできます（送料無料）。
ご注文内容確認のため、お電話させていただく場合があります。
個人情報は発送事務以外に利用することはありません。

書　名	定　価	部数

https://shop.shinmai.co.jp/books/　　E-mail shuppanbu@shinmai.co.jp

深い大人の時間を演出する　意外な味わい

干し柿紅茶 *Dried persimmon tea*

●おすすめ茶葉

アッサム
ルフナ

▶ティーバッグの場合

アッサム
ミルクティーブレンド

●材料

ラム酒に浸した干し柿
中ザラ糖
泡立てた牛乳
（ホイップクリームでも OK）
飾り用ラム酒に浸した干し柿

Decoration

このアレンジは氷で冷やさないままで使います

Yuka's Point

干し柿はラム酒に約 30 分浸して少しやわらかくします

1. で茶葉と一緒にラム酒に浸した干し柿 1 個を細かくカットして入れる

6. で中ザラ糖 10 g を入れる

ベースを注ぐ

泡立てた牛乳をのせる

切った干し柿を飾る

スパークリングワインが大人の夜に彩りを

スパークリングナイトティー Sparkling night tea

●おすすめ茶葉

アールグレイ

●材料

クローブ
氷
スパークリングワイン
飾り用オレンジ
飾り用クローブ

1. で茶葉と一緒にクローブ１個を砕いて入れる

Decoration

氷を口元まで入れる

ベースを注いで、スパークリングワインを入れる

いちょう切りにしたオレンジにクローブを刺して飾る

たっぷりのビタミンCで寒い冬を乗り切る

金柑のアイスティー Kinkan ice tea

おすすめ茶葉

ディンブラ
アールグレイ

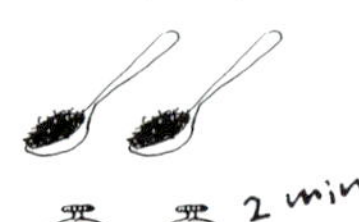

2 min.

▶ティーバッグの場合

ディンブラ
アールグレイ

1.5 min.

材料

金柑
氷
炭酸水

6. でグラニュー糖15ｇを入れる

Decoration

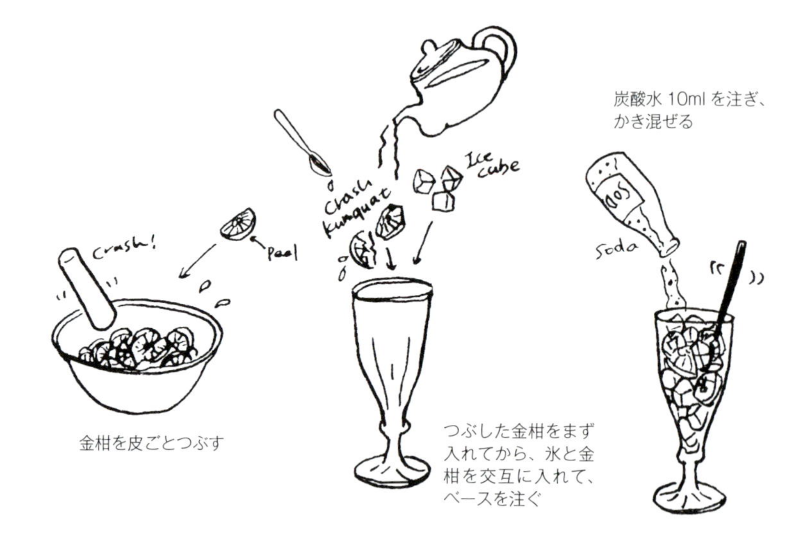

金柑を皮ごとつぶす

つぶした金柑をまず入れてから、氷と金柑を交互に入れて、ベースを注ぐ

炭酸水 10ml を注ぎ、かき混ぜる

聖夜にこそ楽しみたい　冷たいロイヤルミルクティー

ホワイトクリスマスティー Whitechristmastea

●おすすめ茶葉

アッサム
EBF

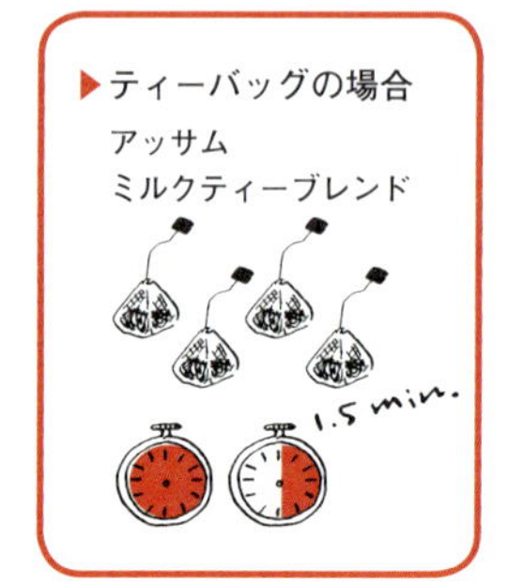

●材料

牛乳
ガムシロップ
氷
ホイップした生クリーム
飾り用アラザン

牛乳と氷が入るので、
4倍の濃さのアイスティーベースを使います

Decoration

牛乳 30 ～ 35ml とガムシロップ 1 個を入れて溶かす

氷を口元まで入れ、
ベースを注ぐ

生クリームのせ、
アラザンを散らす

甘みの違いから生まれる３層のコントラスト

いちごのトリプルティー Triple tea of strawberries

●おすすめ茶葉

アッサム
EBF
ミルクティーブレンド

▶ティーバッグの場合
アッサム
ミルクティーブレンド
EBF

1.5 min.

●材料

いちごジャム
いちご
氷
牛乳
ガムシロップ
ホイップクリーム
（泡立てた牛乳でも OK）
飾り用いちご
飾り用ミント

牛乳と氷が入るので、4倍の濃さのアイスティーベースを使います

Decoration

Yuka's Point

牛乳はガムシロップで甘みを付けておく

いちごジャムを入れ、ティーベースでやわらかくする

刻んだいちごをジャムにのせ、氷を口元まで、ガムシロップ１個を混ぜた牛乳40ml を入れる

ベースを注ぐ

お好みでホイップクリーム、いちごとミントを飾る

ほんのり いちご色とミルクの白さが春を呼ぶ

アイスロイヤルストロベリーティー

Ice royal straberry tea

●おすすめ茶葉

アッサム
ストロベリー
EBF

▶ティーバッグの場合

アッサム
ストロベリーフレーバー
EBF

●材料

牛乳
シュガーシロップ
氷
ホイップクリーム
（泡立てた牛乳でも OK）
飾り用いちご
飾り用ミント

牛乳と氷が入るので、４倍の濃さのアイスティーベースを使います

Decoration

Yuka's Point

フレーバーティーの活用アレンジです

ガムシロップよりシュガーシロップの方が甘みが少ないので、ガムシロップを少なめに入れても OK！

牛乳 40ml とシュガーシロップ１個を入れて混ぜる

氷を口元まで入れ、ベースを注ぐ

ホイップクリーム、いちごとミントを飾る

甘塩っぱい桜餅の風味が開く新しい扉

桜のアイスティー cherry blossoms ice tea

おすすめ茶葉

アッサム
ルフナ
EBF

▶ティーバッグの場合

アッサム
EBF

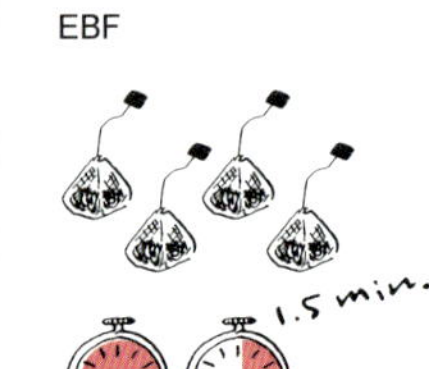

材料

桜の塩漬け
グラニュー糖
牛乳
ガムシロップ
ホイップクリーム
(泡立てた牛乳でも OK)
飾り用桜の塩漬け

p15

牛乳と氷が入るので、4倍の濃さのアイスティーベースを使います

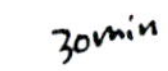

桜の塩漬けを 30 分水に浸して塩を抜く

1. で茶葉と一緒に塩抜きした桜の塩漬け２個を入れる

6. でグラニュー糖10ｇを入れる

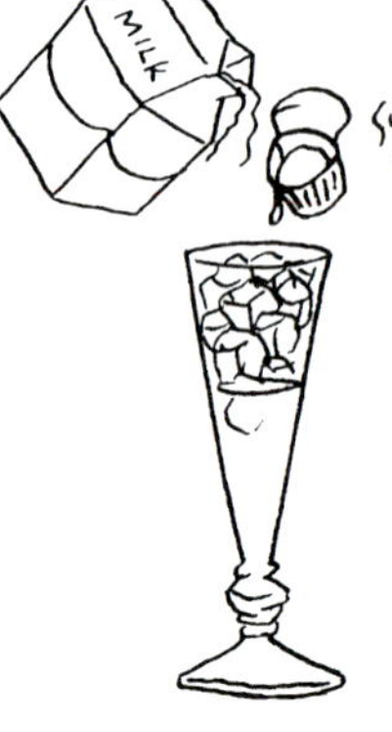

牛乳 30ml とガムシロップ１個を入れて混ぜ、氷を口元まで入れる

ベースを注ぐ

ホイップクリーム、桜の塩漬けを飾る

FIDELE

〈紅茶シロップ〉

アイスティーベースとグラニュー糖で作る優れモノのシロップです。
暑い夏、氷を浮かべたソーダ割りや水割りはもちろん、
秋から冬には、レモンを絞ってお湯割りにしたり、
ホットケーキやフレンチトーストにかけてもOK。

夏場でも冷蔵庫保存ならば、1カ月ほどは大丈夫。
急な来客や大勢のおもてなしにも。
一番手軽なアレンジティーです。
ぜひお試しください。

●作り方

アイスティーベース 180ml にグラニュー糖 250g をよく溶かしたら、密閉容器で冷蔵庫保存する。

グラニュー糖の粒々がなくなるまでよく混ぜます

・ミキサーに2〜3分かける
→白く濁りますが、数時間後には透明になります
・湯煎で溶かす
→だんだんねっとりしてくるのがわかります

紅茶とグラニュー糖

紅茶に砂糖を入れるのは、渋みをやわらげて、水色にツヤを出すためです。
紅茶に入れる砂糖は基本的にグラニュー糖を使います。精製が細かいので溶けやすく、タンニンとけんかをしないので水色がよりきれいに保たれます。黒糖やキビ糖などの粗精糖より味にクセがなく、どんな茶葉にも合うといわれます。

〈紅茶の濃さ〉

アイスティーをつくるときは、氷や牛乳が足される分、基本のホットティーより濃いティーベースをつくります。ホットティーの濃さを基本とした場合、アイスティーの濃さは2倍、アイスミルクティーは4倍です。

●お湯と茶葉の分量（カップ2杯分）

▶ホットティーベース

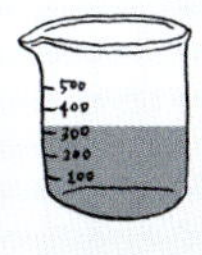

【お湯 320ml：茶葉 ティースプーン2杯】

▶アイスティーベース／2倍の濃さ

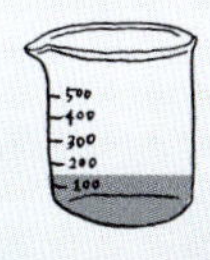

【お湯 160m：茶葉 ティースプーン2杯】

氷が溶けるため、茶葉の量を2倍にするのではなく、抽出するお湯の量を半分にするのがポイントです。

▶アイスミルクティーベース／4倍の濃さ

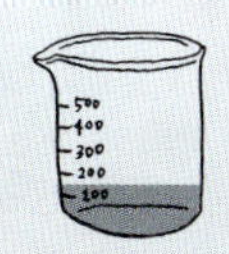

【お湯 160ml：茶葉 ティースプーン4杯】

氷が溶け、さらに牛乳が足されるために、お湯の量は半分のまま、茶葉の量は2倍にします。そのため紅茶の味と香りがしっかり残り、牛乳の味に負けることがありません。

クリームダウンってなに？

ホットティーが冷えると、水色が白く濁ってきます。これは、紅茶に含まれるタンニンが冷えるにつれてカフェインが結合しやすくなるためで、白く濁ることをクリームダウンと呼びます。
タンニンは95～100℃の熱湯で抽出されるので、ホットティーを冷やしてつくるアイスティーベースにとって、クリームダウンは大敵です。
これを防ぐは、つぎの5つの方法があります。

●タンニンの少ない茶葉を使う
●蒸らし時間を短めにする
●ゴールデンドロップ（ティーポットから紅茶を注ぐときの最後の一滴。紅茶の旨みが凝縮しているがタンニンが多い）を入れない
●氷で急激に冷やす（タンニンとカフェインの結合を進めさせないため）
●砂糖を入れる（甘みが結合を阻害するため）

HOT TEA

「香り」を楽しむクラシカルなホットティー。
伝統的なスタイルで、穏やかに味わいたい紅茶です。
ガラスのポットの中で踊る茶葉を眺める時間も いとおしい、
甘くさわやかな香りに包まれた
優雅なアフタヌーンティーをどうぞ。

ストレートティー Straight tea

カップ 2杯分

基本的なホットティーの淹れ方です

●準備する道具

・ティーポット

ガラス

陶器

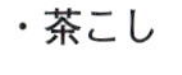

・茶こし

1. 茶葉を入れる

ティースプーン２杯
（約 3g × 2）

ポット 1 はあたためておく

2. 熱湯を注ぐ

お湯 320m

3. 蒸らす

茶葉によって
約３分

茶葉は、上下左右に動いて（ジャンピング）味や香りをしっかり抽出する

4. ひとかきする

Yuka's Point
ゴールデンドロップ（最後の一滴）までしっかり入れて！

5. 茶こしで濾す

茶こしとポット 2 も
あたためておく

6. できあがり

ホットティーベース
のできあがり

春に乾杯！ 華やかなお花畑を思い出す

ストロベリーフィールドティー Strawberry fields tea

●おすすめ茶葉

キャンディ
ニルギリ

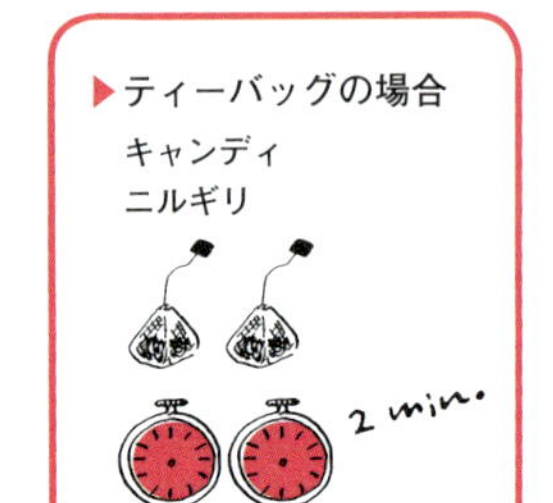

●材料

いちご
ロゼワイン
ミント

Decoration

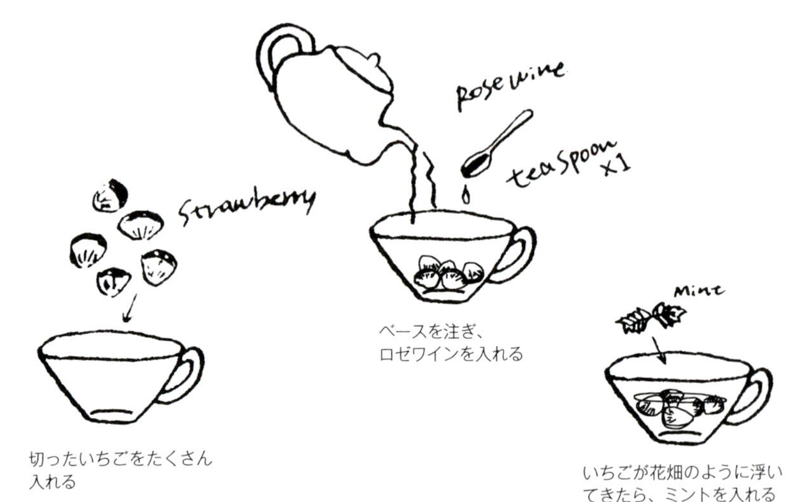

切ったいちごをたくさん入れる

ベースを注ぎ、ロゼワインを入れる

いちごが花畑のように浮いてきたら、ミントを入れる

甘いドライフルーツと紅茶のペアリング

ドライフルーツティー Dry fruits tea

●おすすめ茶葉

キャンディ
ニルギリ

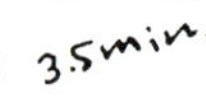

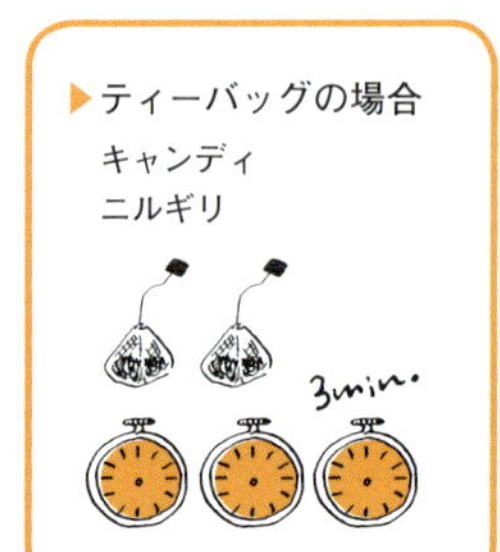

●材料

ドライフルーツ
ガムシロップ
グラニュー糖
飾り用ドライフルーツ

Decoration

Yuka's Point
ドライフルーツの甘みを出すために、蒸らし時間は少し長めにします

1. で茶葉と一緒にちぎって細かくしたドライフルーツ1～2枚を入れる

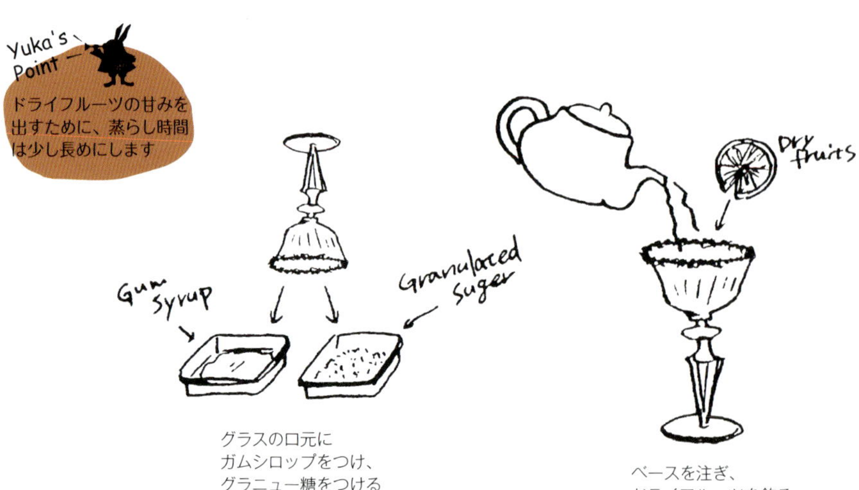

グラスの口元にガムシロップをつけ、グラニュー糖をつける

ベースを注ぎ、ドライフルーツを飾る

グランマルニエをひとしずく　淑女の紅茶は妖しさ満点

ロイヤルオレンジティー Royal orange tea

●おすすめ茶葉

ディンブラ
ニルギリ

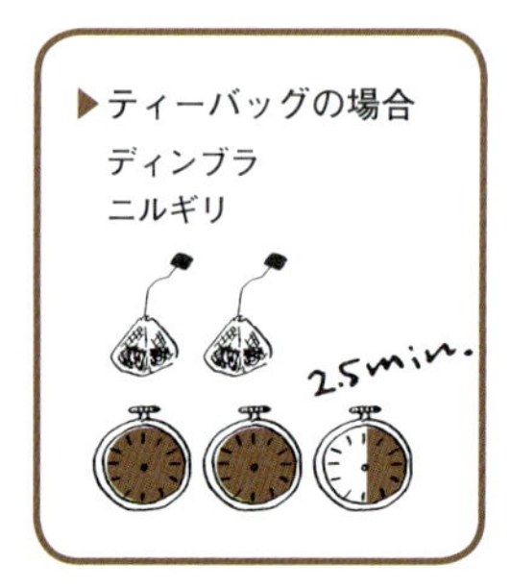

●材料

シナモンスティック
クローブ
オレンジマーマレード
グランマルニエ
飾り用オレンジ
飾り用シナモンスティック
飾り用クローブ

1. で茶葉と一緒にクローブ1粒とシナモンスティック1/2本を砕いて入れる

Decoration

Yuka's Point
グランマルニエはオレンジリキュールの最高峰。しっとり大人の紅茶を演出します

山盛り1杯のオレンジマーマレードをグランマルニエでやわらかくする

ベースを注ぎ、輪切りのオレンジにクローブを刺してシナモンスティックと一緒に飾る

はちみつと牛乳を合わせたイギリス伝統のアレンジティー

レモン風味のキャンブリックティー

Cambric tea with lemon

おすすめ茶葉

ルフナ
アッサム

3.5min.

▶ティーバッグの場合
アッサム
ミルクティーブレンド

3min.

材料

はちみつ漬けのレモン
はちみつ
ホイップクリーム
（泡立てた牛乳でもOK）
飾り用皮付きレモン

Decoration

1. で茶葉と一緒にはちみつ漬けのレモンを2枚入れる

はちみつを入れ、ベースを注ぐ

ホイップクリーム、細長くスライスした皮付きレモンを飾る

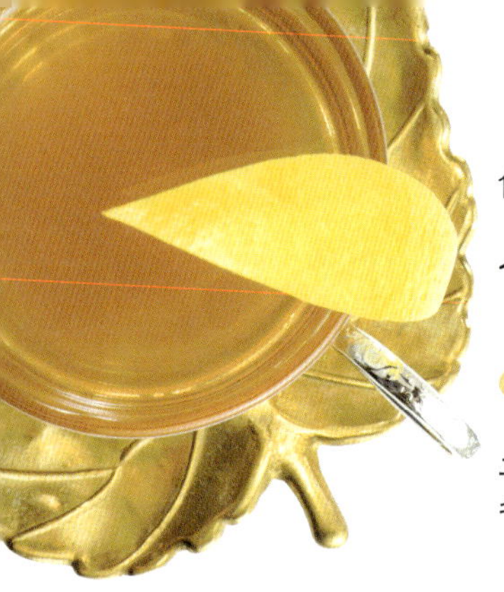

体の奥から温まる　生姜のパワーを感じて

ハニーレモンジンジャーティー

Honeylemon & ginger tea

おすすめ茶葉

ニルギリ
キャンディ

▶ティーバッグの場合

ニルギリ
キャンディ

材料

生姜
はちみつ漬けのレモンの汁
飾り用レモン

1. で茶葉と一緒にすりおろした生姜を入れる

Decoration

レモンのはちみつ漬けの汁を入れる

ベースを注ぎ、くし切りのレモンを飾る

不思議な出会いが奏でるロックなテイスト

コークブラックティー cola black tea

●おすすめ茶葉

キャンディ
ディンブラ

▶ティーバッグの場合

キャンディ
ディンブラ

●材料

レモン果汁
コーラ
中ザラ糖

Decoration

手鍋にレモン果汁 20ml、コーラ 100ml、中ザラ糖 20g を入れて約２分あたため、コーラシロップをつくる

コーラシロップ大さじ２を入れ、ベースを注ぐ

Coca-Cola
Coca-Cola

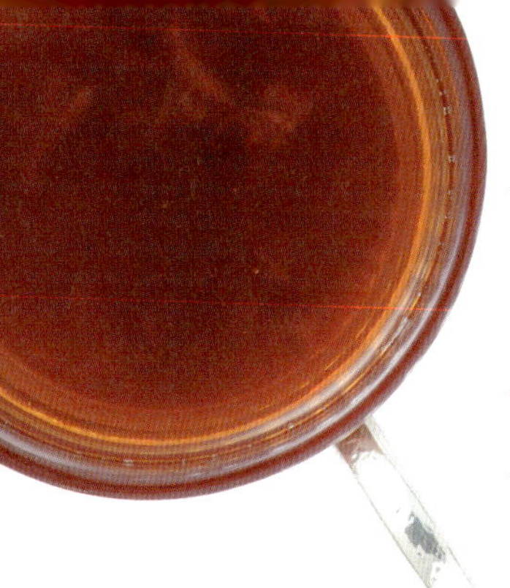

季節の変わり目に飲みたくなるジャム入り紅茶

ロシアンティー Russian tea

●おすすめ茶葉

ディンブラ
ニルギリ

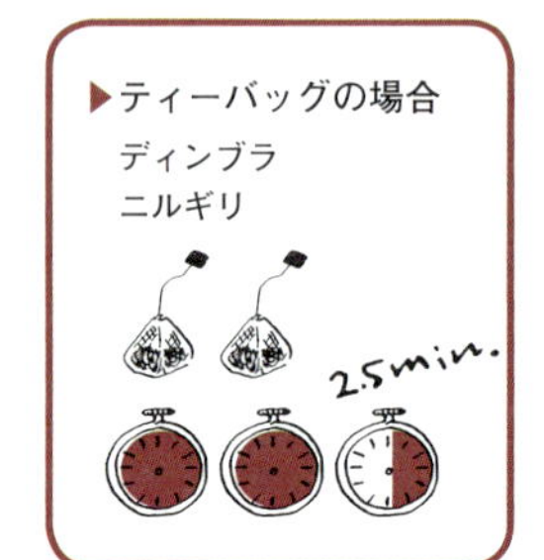

●材料

ジャム
ウォッカ

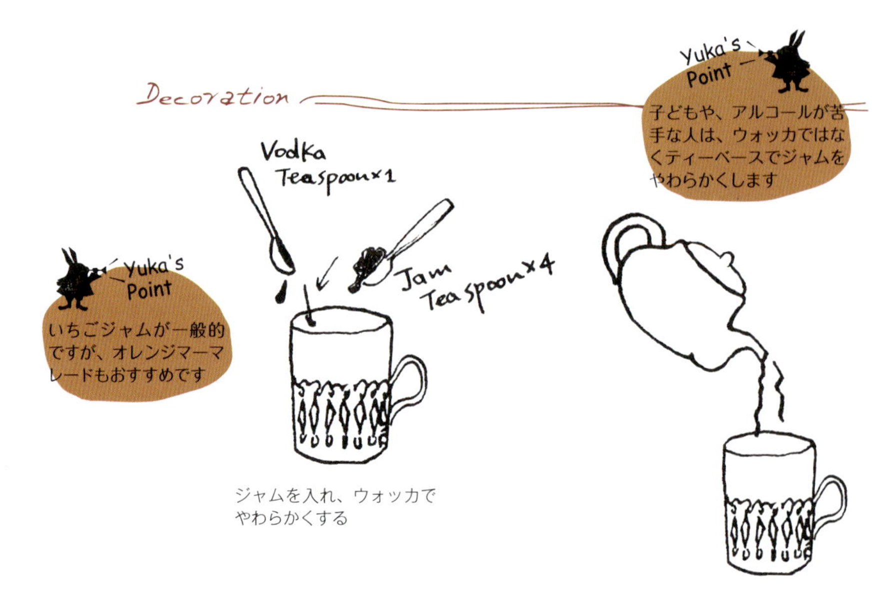

ジャムを入れ、ウォッカでやわらかくする

ベースを注ぐ

ダージリンと爽快感のあるミントが春の息吹

フレッシュホットミントティー *Fresh hot mint tea*

● おすすめ茶葉

ダージリン
ヌワラエリア

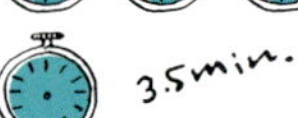

▶ティーバッグの場合
ダージリン

● 材料

ミント
グラニュー糖

1. で茶葉と一緒にミントをひとつまみ入れる

6. でグラニュー糖6g を入れる

Yuka's Point
グラニュー糖はお好みで

ミントを置く

ベースを注ぐ

大粒の巨峰が香る　ホットワインのような味わい

ワイン風ぶどう紅茶 grape black tea

●おすすめ茶葉

アッサム
ルフナ

●材料

巨峰
ぶどうジュース
赤ワイン
グラニュー糖
シナモンスティック

Decoration

Yuka's Point
ぶどうシロップを煮出すときは、巨峰を煮込み過ぎないよう、ワインの香りがしてグラニュー糖が溶けた程度で火を止めます

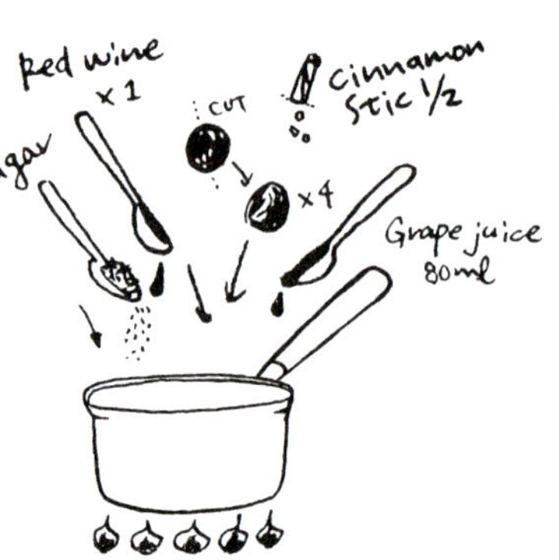

手鍋に半分に切った巨峰４粒、ぶどうジュース 80ml、赤ワイン大さじ１、グラニュー糖 25g、砕いたシナモンスティック１／２本を入れて煮出したものを濾して、ぶどうシロップをつくる

ぶどうシロップ大さじ２と煮出した巨峰を入れ、ベースを注ぐ

Damla

ちょっと濃い目の紅茶こそ　アイスにかけて召し上がれ

ティーアフォガード *Tea affogato*

●おすすめ茶葉

アッサム
ルフナ
EBF

▶ティーバッグの場合

アッサム
ミルクティーブレンド

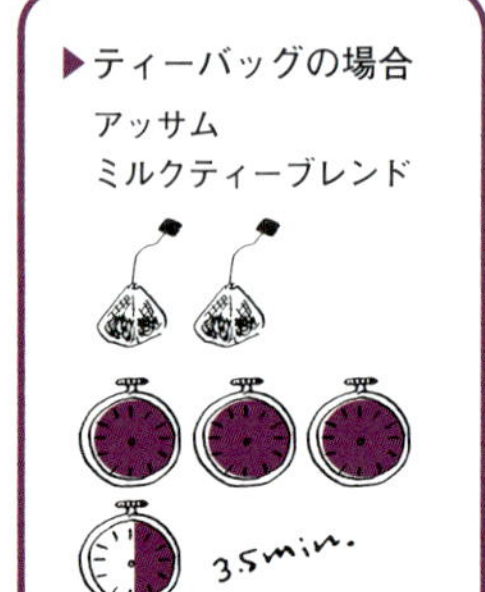

●材料

バニラアイスクリーム
黒豆の甘露煮

Decoration

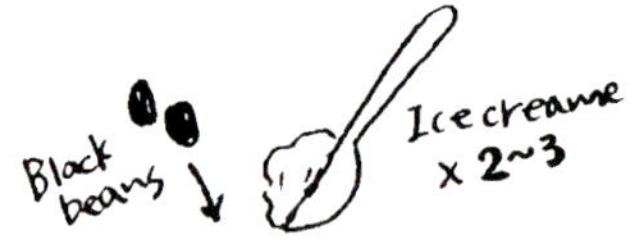

アイスクリーム大さじ２～３の
上に黒豆2粒をのせる

縁からベースを注ぐ

ほのかに香る甘酸っぱさが秋のはじまり

アップルジンジャーティー Apple ginger tea

●おすすめ茶葉

キャンディ
ニルギリ

▶ティーバッグの場合

キャンディ
セイロンブレンド

●材料

りんご
りんごジュース
すりおろした生姜
飾り用りんご

Decoration

Yuka's Point

市販のりんごジュースを使ったアレンジティーです。りんごジュースはお好みのものを。グラニュー糖の量も加減してください

1. で茶葉と一緒に切ったりんご1/4個を入れる

手鍋にりんごジュース80mlとすりおろした生姜を入れてあたため、りんごシロップをつくる

りんごシロップ大さじ1と、いちょう切りにカットしたりんごを2～3枚入れる

ベースを注ぐ

SebaSTea

ヒマラヤのワイン入り紅茶がお手本　夏の疲れを癒やしたい秋の夜に

シェルパ風シナモンティー　Sherpa style cinnamon tea

●おすすめ茶葉

ウバ
アッサム

▶ティーバッグの場合

ウバ
アッサム

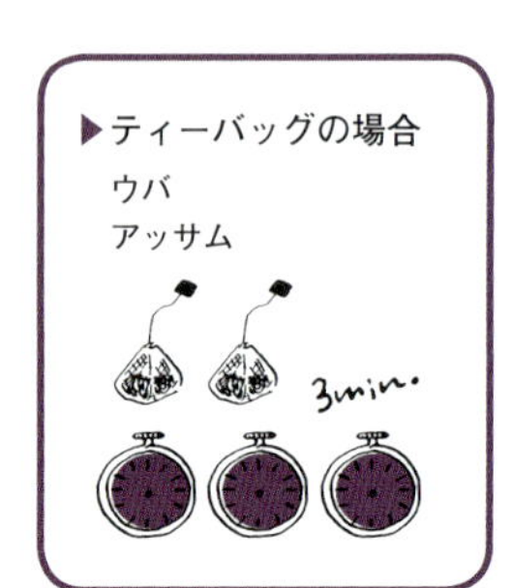

●材料

シナモンスティック
グラニュー糖
ぶどうジュース
レモン果汁
はちみつ
飾り用シナモンスティック

Decoration

Yuka's Point

ワインではなくぶどうジュースなので、子どもも飲めます。
かなり甘いので疲れが飛びますよ

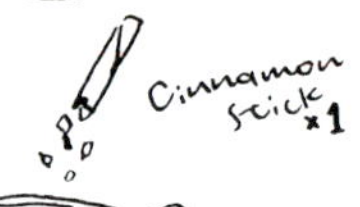

1. で茶葉と一緒にシナモンスティック１本を砕いて入れる

6. でグラニュー糖10ｇを入れる

手鍋にぶどうジュース120ml、レモン果汁、はちみつ大さじ１を入れて軽くあたため、ぶどうシロップをつくる

ぶどうシロップをカップの半分まで注ぐ

ベースを注ぎ、シナモンスティックを添える

冬にぴったり　驚きのチョコレートカクテル

チョコレートミルクティー Chocolate mil ktea

●おすすめ茶葉

アッサム
ウバ

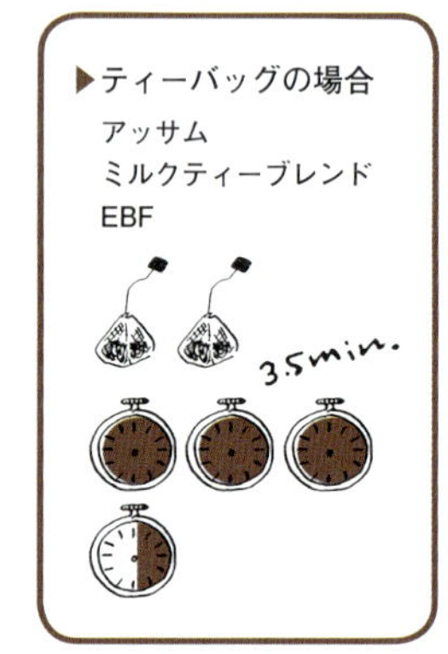

●材料

チョコレートシロップ
ラム酒
生クリーム（6分立て）
飾り用ミント

蒸らし時間は少し長めにします

生クリームの代わりに泡立てた牛乳を入れてもOK

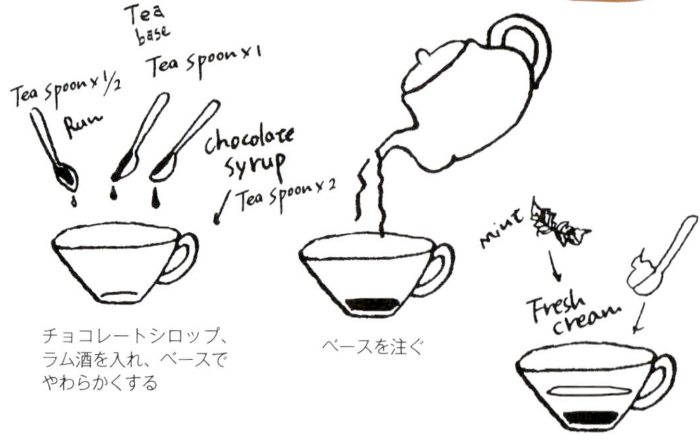

チョコレートシロップ、ラム酒を入れ、ベースでやわらかくする

ベースを注ぐ

6分立ての生クリーム、ミントを飾る

スパイシーな大人の紅茶　X'masの夜もふけてから

クリスマスティー *Christmas tea*

●おすすめ茶葉

キャンディ
ニルギリ

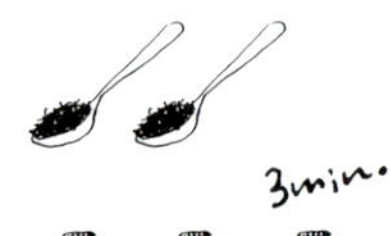

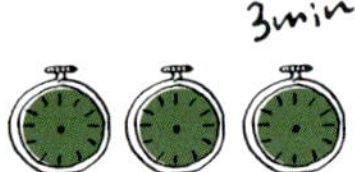

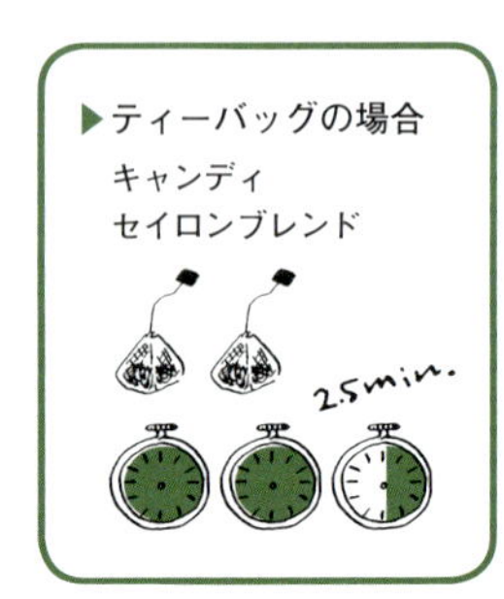

▶ティーバッグの場合

キャンディ
セイロンブレンド

●材料

オレンジ果汁
赤ワイン
ザラメ糖
ラム酒に漬けた干しぶどう
クローブ
シナモンスティック
飾り用オレンジ
飾り用クローブ

Decoration

Yuka's Point

ワインの香りがしてザラメ糖が溶けたのを確認してから火を止めます

手鍋にオレンジ果汁35ml、赤ワイン35ml、ザラメ糖15g、干しぶどう大さじ1、砕いたクローブ2粒とシナモンスティック1本を入れて煮出したものを濾して、オレンジシロップをつくる

オレンジシロップ大さじ2を入れ、ベースを注ぐ

輪切りのオレンジにクローブを刺して飾る

VIVI TEA
column 3

〈テーブルコーディネートを楽しむ〉

Table coordination of VIVI TEA style.1

シノワズリとモロッカン柄のティーカップで、黒をベースにオリエンタルなコーディネート。17 世紀のヨーロッパ貴族にとって、東洋文化は憧れであり、富の象徴でもあったのがわかる気がします。

Table coordination of VIVI TEA style.2

お茶会で大切なのはなんと言っても会話。ゲストに好きな色のティーカップを選んでもらうのも、楽しみのひとつでしょうか。アフタヌーンティースタンドのお菓子をつまみながら、午後のひととき、お喋りが広がります。

Table coordination of VIVI TEA style.3

ガラスとシルバーの透明感あふれる組み合わせ。タンブラーを花瓶がわりに、緑を遊ばせて流れる水を表現しました。真夏の昼下がり、高貴さと清々しさを感じるコーディネートです。

Table coordination of VIVI TEA style.4

主役は力強い赤。直線的なコーディネートで表したかったのは、大人の女性の情熱と冷静さ。会話と花を同時に楽しめるようにセンターに置いた赤のトレイが、スタイリッシュなシャープさを演出します。

MILK TEA

ミルクティーは懐かしい「ママの味」。
寒い夜にふと思い出す、ミルクティーから立ち上る湯気。
身も心もリラックスしたい時に飲む癒やしの紅茶は、
母から娘に伝えられる、ほっこり優しい家庭の味です。

ミルクティー milk tea

カップ 2杯分

基本的なミルクティーの淹れ方です

準備する道具

・小鉢　・ふた付き手鍋　・ティーポット　・茶こし

陶器

1. 茶葉を入れる

小鉢にティースプーン
２杯（約 3.5g × 2）

2. 熱湯を注ぐ

ひたひたまで

3. 蒸らす

ラップをかけて
３分半

4. 手鍋であたためる

沸騰直前に
火を止めて

水 160ml、
低温殺菌牛乳 160ml

5. 茶葉を入れ ひとかきする

蒸らした茶葉は抽
出液ごと入れる

6. 蒸らす

鍋にふたをして
３分～３分半

7. 茶こしで濾す

もう一度
ロングスプーンで
ひとかきして
から濾す

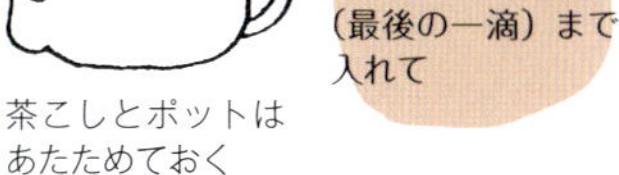

ゴールデンドロップ
（最後の一滴）まで
入れて

茶こしとポットは
あたためておく

8. できあがり

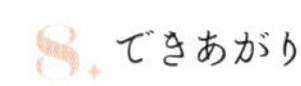

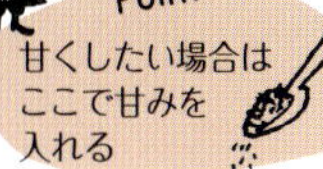

甘くしたい場合は
ここで甘みを
入れる

ミルクティーベース
のできあがり

お手軽に淹れるミルクティー

Milk tea

カップ2杯分

手軽にミルクティーを楽しめる淹れ方です

●準備する道具

・手鍋　・ティーポット　・茶こし

ガラス　陶器

1. 茶葉を入れる

ティースプーン２杯
（約 3.5g × 2）

ポット 1 はあたためておく

2. 熱湯を注ぐ

お湯 160ml

3. 蒸らす

約３分半

ふたをして蒸らす

4. ひとかきする

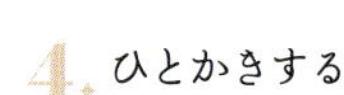

5. 手鍋であたためる

手鍋に牛乳 160ml を入れてあたためる

沸騰直前に火を止めて。レンジで温めてもOK

6. ポット２に移す

牛乳を移す

ポット 2 もあたためておく

7. 茶こしで濾す

茶こしもあたためておく

ゴールデンドロップ（最後の一滴）まで入れて

8. できあがり

甘くしたい場合はここで甘みを入れる

ホットティーベースのできあがり

チャイ Chai

カップ 4杯分

基本的なチャイの淹れ方です

準備する道具

・手鍋 ・ティーポット ・茶こし

陶器

1. スパイスを煮出す

沸騰してから1分

水 160ml、スパイス全部

Yuka's Point
スパイス3種のうち、シナモンスティック2本とクローブ6粒は手で砕き、カルダモンホール6粒はナイフの柄やビン底などで軽く割っておく

2. 茶葉を入れる

香りがしてきたらティースプーン4杯(約3.5g×4)

水分がなくなる直前まで煮出す

Yuka's Point
水分がなくならないように気をつけて。ボコボコし始めたら牛乳を入れる

3. 牛乳を入れる

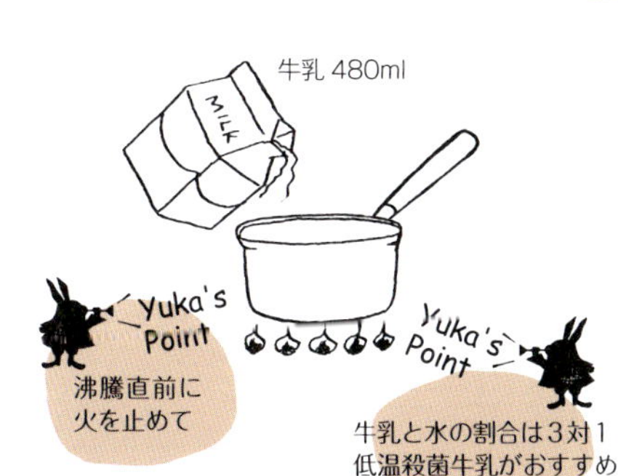

牛乳 480ml

Yuka's Point
沸騰直前に火を止めて

Yuka's Point
牛乳と水の割合は3対1
低温殺菌牛乳がおすすめ

4. 茶こしで濾す

ロングスプーンでひとかきしてから濾す

茶こしとポットはあたためておく

5. できあがり

Yuka's Point
甘くしたい場合はここで甘みを入れる

チャイベースのできあがり

クラシカルな英国貴族の香り漂う一杯を

ロイヤルミルクティー Royal milk tea

●おすすめ茶葉

アッサム
ウバ
ＥＢＦ

▶ティーバッグの場合

アッサム
ミルクティーブレンド
EBF

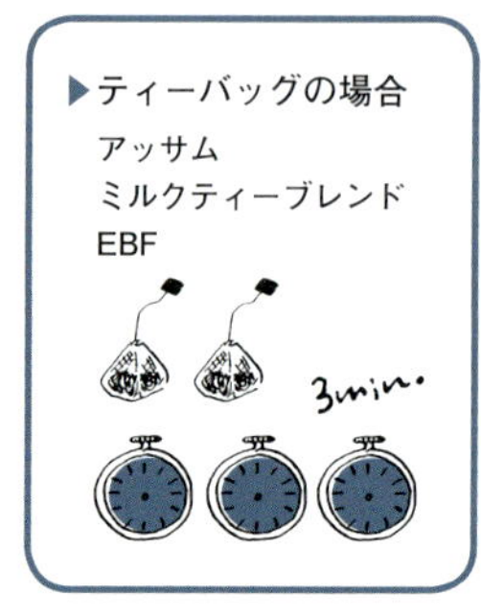

●材料

牛乳
グラニュー糖

8. でグラニュー糖
を入れる

Yuka's Point

甘みはお好みで。
はちみつもおすすめです

香ばしいナッツと優しいミルクのハーモニー

アーモンドミルクティー Almond milk tea

おすすめ茶葉

アッサムCTC
ウバ
EBF

▶ティーバッグの場合

アッサム
ミルクティーブレンド
バニラまたは
キャラメルフレーバー

材料

牛乳
ローストアーモンド
グラニュー糖
ホイップクリーム
飾り用ローストアーモンド
飾り用ザラメ糖

Decoration

5. で茶葉と一緒にこんがりと香るまでフライパンでローストしたアーモンドを入れる

8. でグラニュー糖を入れる

ベースを注ぎ、ホイップクリーム、ローストしたアーモンドスライス、ザラメ糖を飾る

SebaSTea

かわいさ抜群　うきうき気分で飲みたい

いちごのミルクティー Strawberry milk tea

●おすすめ茶葉

アッサムCTC
EBF
ストロベリーフレーバー

▶ティーバッグの場合

アッサムCTC
ミルクティーブレンド
ストロベリーフレーバー

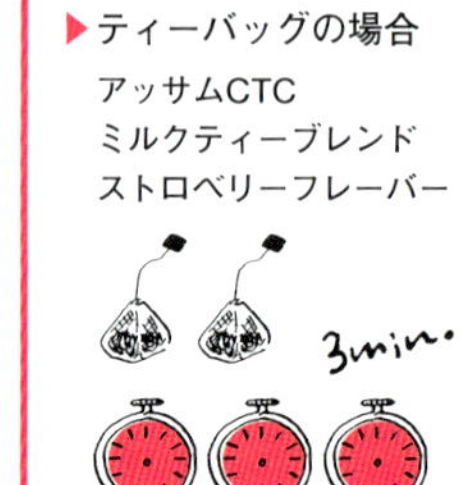

●材料

牛乳
いちご
グラニュー糖
ホイップクリーム
（泡立てた牛乳でもOK）
飾り用いちご

Decoration

5. で茶葉と一緒にいちご２個を切って入れる

Yuka's Point
グラニュー糖はお好みで

8. でグラニュー糖を入れる

ベースを注ぎ、
ホイップクリーム、
スライスしたいちごを飾る

相性抜群のバナナとミルク　栄養価もアップ

バナナロイヤルミルクティー

Banana royal milk tea

●おすすめ茶葉

アッサムCTC
EBF

▶ティーバッグの場合
アッサムCTC
EBF
ミルクティーブレンド

3min.

●材料

牛乳
バナナ（熟したもの）
グラニュー糖
ホイップクリーム
（泡立てた牛乳 OK）
飾り用バナナ（新鮮なもの）

ミルクティーベースでつくる ➡p103

Decoration

黒くなりかけた
バナナの活用に
おすすめです

4. で茶葉と一緒にバナナ半分を小さく切って入れる

Yuka's Point

グラニュー糖は
お好みで

8. でグラニュー糖を入れる

ベースを注ぎ、ホイップクリーム、スライスしたバナナを飾る

秋の夜長にほっこり　一粒の栗に癒やされる

マロンミルクティー Marron milk tea

●おすすめ茶葉

アッサムCTC
EBF

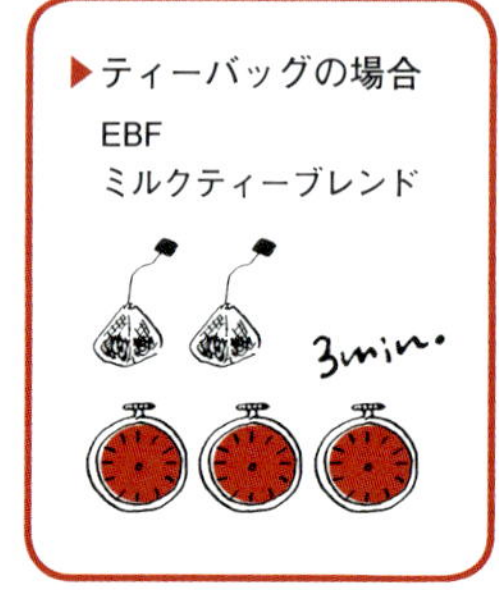

●材料

牛乳
三温糖
ホイップクリーム
（マロンクリーム）
飾り用マロングラッセ（甘栗）

8. で三温糖6gを入れる

Decoration

Yuka's Point

ホイップクリームにマロンペーストを入れると、マロン感が増します

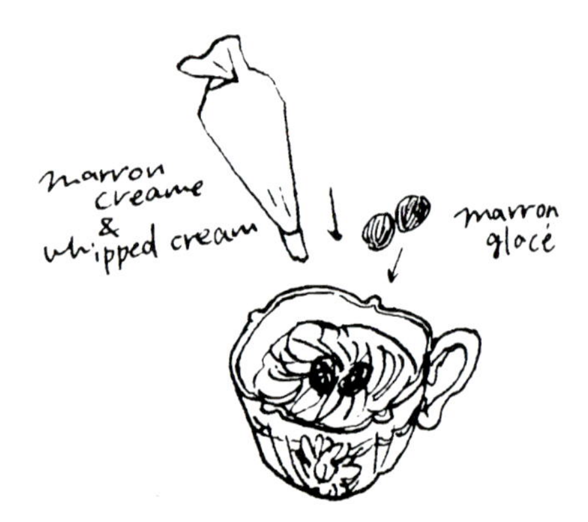

ベースを注ぎ、マロンクリーム入りのホイップクリーム、マロングラッセ（甘栗）を飾る

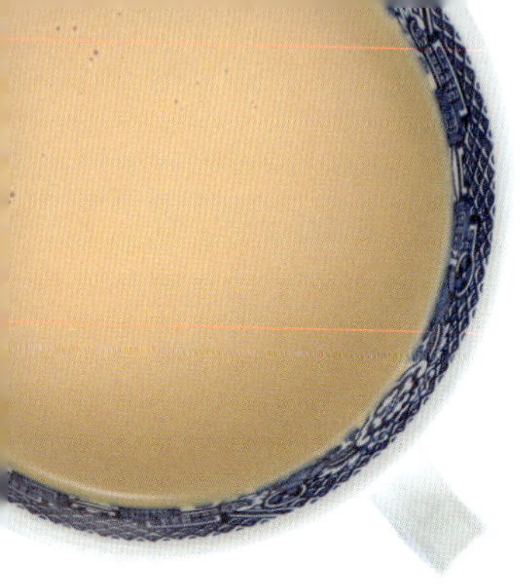

香辛料にも薬にも　世界中で愛される生姜の紅茶

ジンジャーミルクティー Ginger milk tea

●おすすめ茶葉

EBF
アッサム
ルフナ

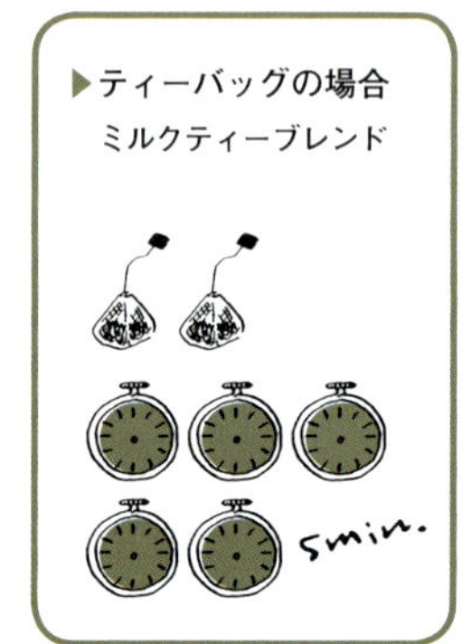

●材料

すりおろした生姜
牛乳
メイプルシロップ

Yuka's Point
メイプルシロップはお好みで

Yuka's Point
小鉢ではなくポットで抽出するので、蒸らし時間は長めにします

1. で茶葉と一緒に皮をむいてすりおろした生姜を山盛り1杯入れる

2. のお湯は260～270ml

5. の牛乳は80～90ml

6. でメイプルシロップを入れる

Yuka's Point
紅茶と牛乳の割合は3対1です

緑茶と紅茶　初めての素敵な出会い

抹茶ミルクティー Matcha milk tea

●おすすめ茶葉

アッサム
EBF
ミルクティーブレンド

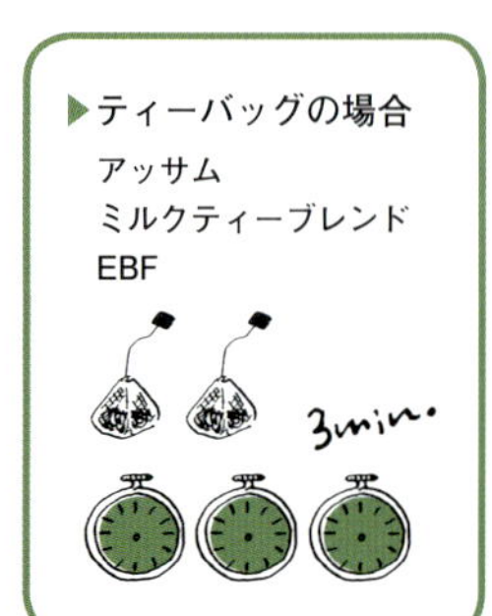

▶ティーバッグの場合
アッサム
ミルクティーブレンド
EBF

●材料

お好みの緑茶
牛乳
粗精糖
ホイップクリーム
(泡立てた牛乳でも OK)
飾り用抹茶パウダー

Decoration

Yuka's Point

紅茶の茶葉の個性が強すぎると緑茶の風味が感じられないので、ミルクティー向きのくせのない茶葉を使います

1. で茶葉の半分を緑茶にし、紅茶と緑茶を1杯ずつ入れる

5. で粗精糖6gを入れる

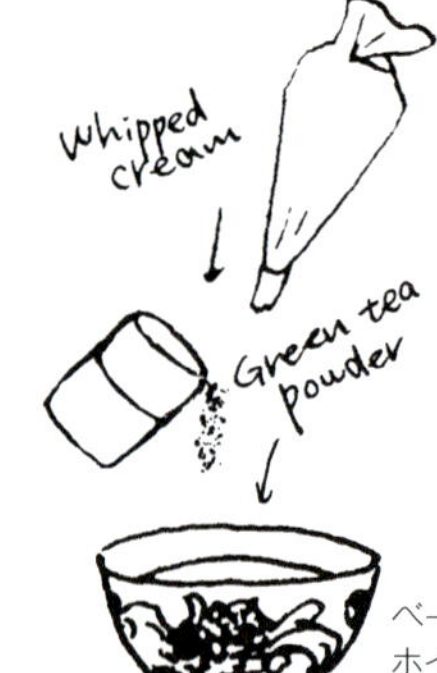

ベースを注ぎ、
ホイップクリーム、
抹茶パウダーを飾る

香りたかい胡麻がどこか和風のほっこりした味わい

セサミソイミルクティー

Sesame & soy milk tea

●おすすめ茶葉

アッサムCTC
ルフナ

▶ティーバッグの場合

EBF
ミルクティーブレンド

●材料

豆乳
炒り胡麻
黒糖
飾り用すり胡麻

4. で牛乳の代わりに豆乳と、軽くローストした炒り胡麻小さじ2を入れる

5. で黒糖6gを入れる

Decoration

すり胡麻は白くても黒くてもおいしい

ベースを注ぎ、すり胡麻を飾る

ゆずと生姜とミルクのさわかやかトリニティで　体もポカポカ

ゆず生姜ミルクティー

yuzu & ginger milk tea

おすすめ茶葉

ウバ
アールグレイ

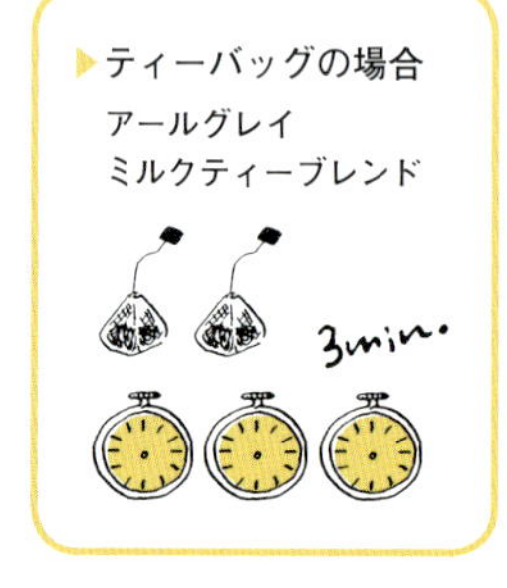

▶ティーバッグの場合

アールグレイ
ミルクティーブレンド

材料

牛乳
グラニュー糖
すりおろした生姜
ゆずの皮

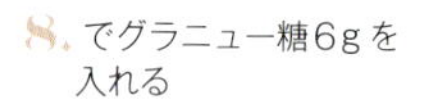

8. でグラニュー糖6gを入れる

すりおろした生姜を入れる

ベースを注ぎ、ゆずの皮を浮かべる

インドで生まれたスパイス入りの甘いミルクティー

マサラティー *Masala tea*

●おすすめ茶葉

アッサムCTC
EBF

▶ティーバッグの場合

EBF
ミルクティーブレンド

●材料

シナモンスティック
カルダモンホール
クローブ
皮付き生姜
牛乳
グラニュー糖

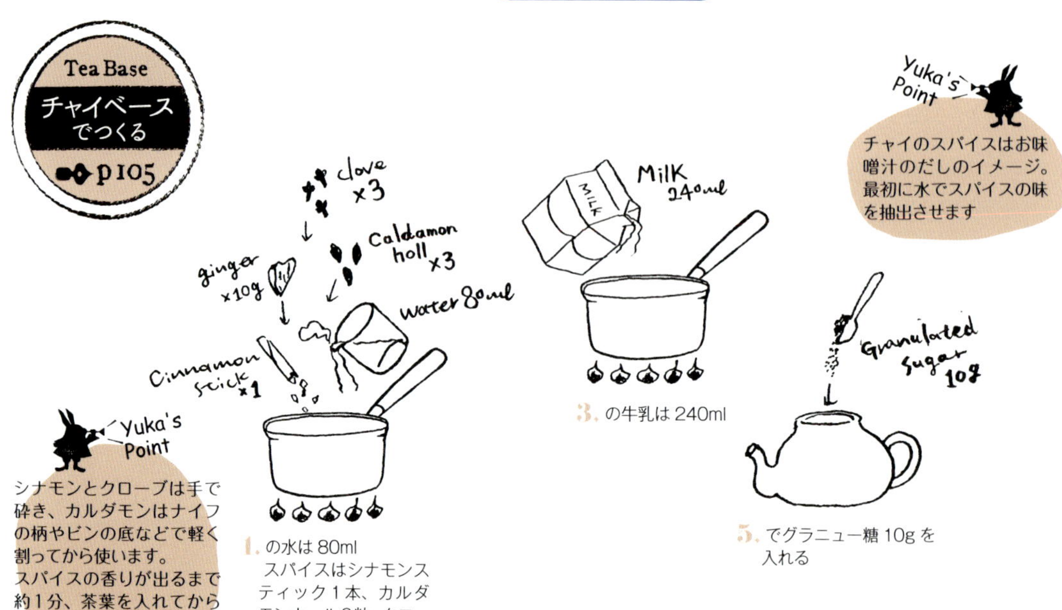

Yuka's Point
チャイのスパイスはお味噌汁のだしのイメージ。最初に水でスパイスの味を抽出させます

Yuka's Point
シナモンとクローブは手で砕き、カルダモンはナイフの柄やビンの底などで軽く割ってから使います。
スパイスの香りが出るまで約1分、茶葉を入れてから約2分半煮出します

1. の水は 80ml
スパイスはシナモンスティック１本、カルダモンホール３粒、クローブ３粒、スライスした皮付き生姜 10g

3. の牛乳は 240ml

5. でグラニュー糖 10g を入れる

溶けていくチャイを眺める至福の時間

アイスキューブチャイ *Ice cube chai*

●おすすめ茶葉

アッサムCTC
EBF

▶ティーバッグの場合
ミルクティーブレンド
アッサム
ルフナ

0min.

●材料

シナモンスティック
カルダモンホール
クローブ
皮付き生姜
グラニュー糖
牛乳

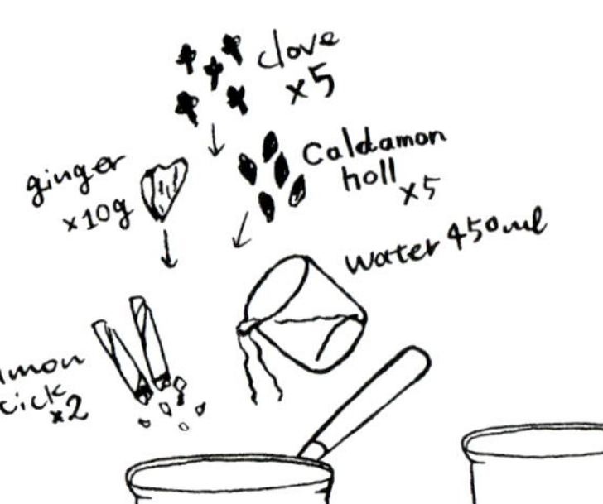

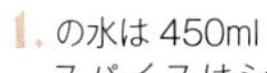

1. の水は 450ml
スパイスはシナモンスティック２本、カルダモンホール５粒、クローブ５粒、スライスした皮付き生姜 10g

3. で牛乳は入れない

5. でグラニュー糖 25g を入れる

ベースを好きな形に凍らせる

飲む直前、
凍ったベースに
牛乳を注ぐ

シナモンとクローブは手で砕き、カルダモンはナイフの柄やビンの底などで軽く割ってから使います。スパイスの香りが出るまで約1分、茶葉を入れてから約1分半煮出します

スパイスの代表・胡椒を入れて元気をアップ

ブラックペッパーチャイ *Black pepper chai*

●おすすめ茶葉

ウバ
アッサムCTC

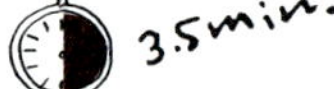

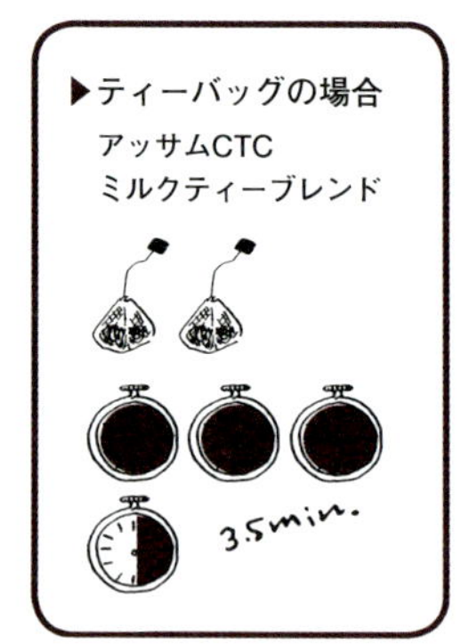

●材料

黒胡椒ホール
中ザラ糖
飾り用黒胡椒パウダー

Decoration

1. で基本のスパイスと一緒に砕いた黒胡椒ホール3粒を入れる

5. で中ザラ糖6gを入れる

ベースを注ぐ

黒胡椒パウダーを飾る

紅茶大国の伝統的なミルクティーをアレンジ

スリランカキリティー Sri Lanka kiriti

●おすすめ茶葉

アッサム
ウバ
EBF

▶ティーバッグの場合
ミルクティーブレンド
アッサム
EBF

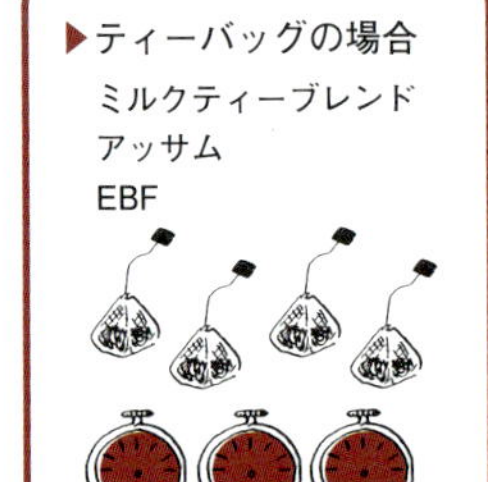

●材料

シナモンスティック
牛乳
中ザラ糖
コンデンスミルク
シナモンパウダー

ベースと牛乳の割合は1対1です

1. で茶葉と一緒に砕いたシナモンスティック1本を入れる

2. のお湯は、チャイグラス10杯分として350ml

5. の牛乳は300ml、中ザラ糖30g加える

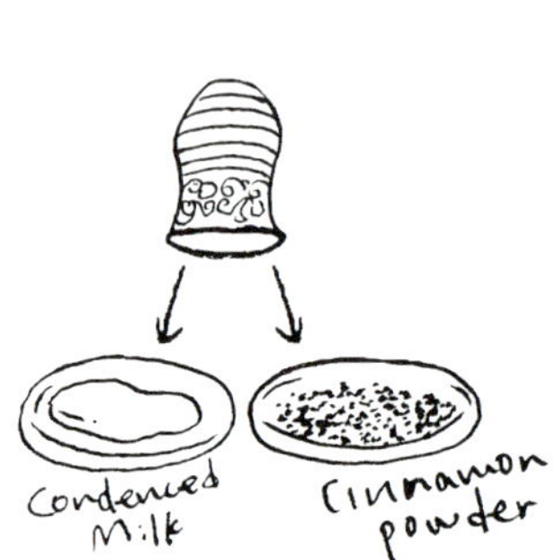

グラスの縁にコンデンスミルクをつけ、シナモンパウダーをつける

温めた牛乳を半分入れ、ベースを注ぐ

●アレンジティー 一覧

アレンジに使うフルーツ、スパイス、リキュール（トッピングは除く）

あとがき

優雅で品があり、高貴なイメージのある紅茶。
ちょっと敷居が高いかもと思っている方が多いかもしれません。
でも、紅茶がもっと身近で、いつも自分の隣にいるような存在だったら。
私は日々の暮らしがもっと豊かになると思っています。

If you are cold, tea will warm you.
if you are too heated, it will cool you.
if you are depressed, it will cheer you.
if you are excited,it will calm you.

私が大好きなこの言葉は、19 世紀のイギリスの政治家、ウィリアム・グラッドストーンの名言です。

心の癒やしを何に求めるかは人それぞれですが、私のそばにはいつも紅茶がいます。
楽しいとき、うれしいとき、紅茶のすべてを楽しむことで、もっと穏やかで優しい気持ちになります。
悲しいとき、苦しいときは、ゆっくり紅茶を淹れながら、心を落ち着かせます。
ほんの一息立ち止まって、自分のために、だれかのために、一杯の紅茶を楽しむ時間を過ごしてください。
この本では、美味しくて簡単な紅茶の入れ方を紹介するとともに、気難しいと思われがちな紅茶の世界への
突破口を開くために、一般的な紅茶の概念を変えるようなオリジナルアレンジティーを提案しました。
旬の果物を添え、季節を感じる喜び。
ミルク、スパイス、リキュールなどを加えて、紅茶の世界が広がる驚き。
組み合わせるものの良さを引き出したり、寄り添ったり、紅茶は自由自在にその役割を変えることができます。
紅茶の新しい楽しみ方を見つけるのは、あなた次第。
毎日の暮らしのなかで、どうぞ素敵な紅茶時間を過ごしてください。

最後に……。際立つセンスを色彩で表現してくれたデザイナーの庄村友里さん、華やかで美しい紅茶の表情を撮影してくれたカメラマンの平松マキさん、そして企画当初からずっと私を支え、一緒に作り上げてきてくれた山崎紀子さん。感謝の気持ちでいっぱいです。

武井 由佳
Yuka Takei

http://vivitea.com/

紅茶コーディネーター武井由佳のプロデュースで、「毎日紅茶を淹れ、忙しい人にほっとする時間を過ごして欲しい」という願いから誕生した紅茶のオリジナルブランド。

VIVI TEA［ヴィヴィティー］の紅茶は、飲みやすさ、淹れやすさ、保存の良さなどこだわりがぎっしり。ショップやレッスンでは、紅茶による癒やしの時間を提案しています。

武井 由佳 Takei Yuka

1972年長野市生まれ。東京での会社員生活を経て、
2001年台東食品株式会社入社。
紅茶コーディネーターとして同社のオリジナル紅茶の企画・仕入れ、紅茶教室などを担当。
14年同社オリジナル紅茶ブランド「VIVI TEA」立ち上げ。
17年には長野市に「VIVI TEA」ショップをオープン。
現在、「VIVI TEA」ブランドのオリジナルティーアイテム開発も手掛け、紅茶関連のイベント主宰やレッスン講師なども行っている。

日本紅茶協会認定ティーアドバイザー
リプトンブルックボンド認定ティーコーディネーター
日本創芸学院認定紅茶コーディネーター

撮影　平松 マキ
ブックデザイン　庄村 友里
編集　山崎 紀予／村澤 由佳

2018年7月30日　初版発行

著者　武井 由佳
　　　台東食品株式会社

発行　信濃毎日新聞社
〒380-8546　長野市南県町657
tel 026-236-2277　fax 026-236-3096
https://shop.shinmai.co.jp/books/

印刷　株式会社 シナノパブリッシングプレス

ISBN978-4-7840-7330-6 C0077

定価はカバーに表示してあります。
乱丁・落丁本はお取り替えいたします。